회계사·세무사·경영지도사 합격을 위한

해커스 경영아카데미
합격 시스템

해커스 경영아카데미 인강

취약 부분 즉시 해결!
교수님께 질문하기 게시판 운영

무제한 수강 가능+
PC 및 모바일 다운로드 무료

온라인 메모장+
필수 학습자료 제공

* 인강 시스템 중 무제한 수강, PC 및 모바일 다운로드 무료 혜택은 일부 종합반/패스/환급반 상품에 한함

해커스 경영아카데미 학원

쾌적한 환경에서 학습 가능!
개인 좌석 독서실 제공

철저한 관리 시스템
미니 퀴즈+출석체크 진행

복습인강 무제한 수강+
PC 및 모바일 다운로드 무료

* 학원 시스템은 모집 시기별로 변경 가능성 있음

회계사 · 세무사 · 경영지도사 단번에 합격! **해커스 경영아카데미 cpa.Hackers.com**

해커스 서호성 재정학 FINAL

핵심 이론+OX문제

해커스 경영아카데미

이 책의 저자

서호성

경력

현 | 해커스 경영아카데미 교수
해커스공기업 교수
해커스금융 교수
메가스터디 공무원 7급 경제학 강의
합격의 법학원 감정평가사, 노무사 경제학 강의
보험연수원 보험계리사 경제학 강의

전 | 윌비스 고시학원 7급 경제학 강의

저서

해커스 회계사 서호성 경제학
해커스 서호성 객관식 경제학
해커스 서호성 재정학
해커스 서호성 객관식 재정학
해커스 서호성 재정학 FINAL
해커스공기업 쉽게 끝내는 경제학 이론 + 기출동형문제
해커스 TESAT(테셋) 2주 완성 이론 + 적중문제 + 모의고사
해커스 매경TEST 2주 완성 이론 + 적중문제 + 모의고사
서호성 ABC 경제학
서호성 ABC 경제학 기출문제집
ABC 경제학 핵심포인트

머리말

안녕하세요. 서호성입니다.

벌써 경제학 강의를 한 지 10년이 넘는 시간이 흘렀습니다. 경제학 강의를 하면서 가장 많이 느끼는 것은 수험생 여러분들이 경제학을 너무 어렵게 생각하고 경제학의 세부 과목인 재정학은 더욱 어렵게 생각하시는 분들이 많다는 것입니다.

세무사 1차 필수 과목인 재정학을 가르치는 저의 목표는 세 가지입니다.

첫째, 어렵다는 경제학의 고정관념을 깨 드리고 싶다.
둘째, 너무 고차원적인 지식보다는 시험과 바로 연결되는, 수험에 적합한 강의를 하고 싶다.
셋째, 재정학에 반드시 나오는 선지를 학습함으로써 세무사 1차 시험을 반드시 통과하게 하고 싶다.

이 세 가지 목표에 도달하기 위해 기본이론 – 문제풀이 – 핵심요약으로 구성되는 해커스 재정학 교재 시리즈를 집필하게 되었습니다.

본 교재의 특징은 다음과 같습니다.

1. 핵심 포인트를 요약하였습니다.
객관식 시험에 필요한 기본적 지식들을 순서대로 나열하였습니다. 요약정리를 통해 기본적인 내용을 숙지하고 스스로의 시험 준비를 돌아볼 수 있도록 노력했습니다. 아주 핵심적인 부분만을 수록하였기에 반드시 모두 시험 전에 이해가 되어 있어야 할 것입니다.

2. 빈출되는 주제 관련 O/X 문제를 수록하였습니다.
정리가 끝난 후 본문에는 객관식 재정학에 자주 출제되는 기본 내용을 O/X 문제로 수록하였습니다. 시험의 영역은 세무사 재정학을 중심으로 객관식 경제학에서 출제된 부분들 중 필수적으로 겹치는 부분을 중심으로 수록하였습니다. 하나하나 꼭 기억해야 하는 내용이니 옳은 것은 그대로, 틀린 선지는 고친 후 자신이 모르는 부분을 다시 한번 정리하시길 바랍니다.

3. 계산 문제를 담았습니다.
O/X 문제는 일반적으로 지문을 이해하는 문제가 많지만 세무사 재정학에서는 계산 문제도 출제되기 때문에 매우 필수적인 계산 문제를 O/X로 수록하였습니다. 물론 두 번째 시리즈인 객관식 문제집에서 문제 푸는 방식을 정확히 공부를 하셨겠지만, 다시 한번 반드시 나오는 계산 관련 포인트들을 숙지하면 좋은 결과를 얻을 수 있을 것이라고 생각합니다.

재정학을 가르치는 사람으로서 가장 행복한 순간은 수험생 여러분들이 스스로 어렵다고 생각했던 재정학을 저와 함께 학습하면서 해볼 만한 재미있는 과목이라는 표정이 얼굴에서 드러날 때입니다. 저와 여러분들이 함께 노력한다면 세무사 1차 과목인 재정학은 세무사 시험 합격의 통과점에 지나지 않을 것이라고 단언하여 말씀드리겠습니다.

이 책을 출간하면서 많은 도움을 주신 유동균 원장님, 해커스 출판사 관계자분들과 해커스 경영아카데미 교수님들께 진심으로 감사드립니다.

서호성

목차

제1장

재정학의 기초

제 1 장 재정학의 기초

Topic 1 파레토 효율성의 조건

정부의 3대 기능	자원배분, 소득분배, 경제안정화
소비의 파레토 효율성	$MRS_{XY}^{A} = MRS_{XY}^{B}$
생산의 파레토 효율성	$MRTS_{LK}^{X} = MRTS_{LK}^{Y}$
종합적 파레토 효율성	$MRS_{XY}^{A} = MRS_{XY}^{B} = MRT_{XY}$
파레토 효율성의 한계	① 공평성 알 수 없음 ② 항상 사회후생이 극대화되지 않음 ③ 파레토 효율적인 점은 무수히 많음

Topic 1 핵심정리 O/X

01 어떤 자원배분 상태에 파레토 개선의 여지가 있다면 그 상태는 효율적이다. (O, ×)

02 파레토 효율성이 달성된 자원배분이 사회적으로 반드시 바람직한 상태는 아니다. (O, ×)

03 파레토 최적을 낳는 자원배분은 무수히 많다. (O, ×)

04 "파레토 기준"은 두 사람의 효용을 비교할 수 있을 때 적용이 가능한 기준이다. (O, ×)

05 소비에서의 파레토 효율성이 달성될 때 에지워스 상자에서 한 사람이 모든 재화를 소비하는 점도 효용가능곡선상에 위치한다. (O, ×)

정답 및 해설

01 X 어떤 자원배분 상태에 파레토 개선의 여지가 없다면 그 상태는 효율적이다.

02 O

03 O

04 X 구성원의 효용이 증감했는지만 비교하며, 구성원 간 비교는 없다.

05 O

06 소비계약곡선상의 모든 점에서는 재화의 초과 수요 혹은 초과 공급이 발생하지 않는다. (O, X)

07 개인 A와 B의 효용함수가 동일하다면 한계대체율이 동일하므로 파레토 개선이 불가능하다. (O, X)

08 최초의 배분점이 소비계약곡선상에 위치한다면 더 이상의 파레토 개선은 불가능하다. (O, X)

09 파레토 최적 상태는 누군가의 희생(후생 감소) 없이는 어떤 사람의 후생 증대가 불가능한 상태이다. (O, X)

10 모든 파레토 효율적인 배분 상태는 모든 파레토 비효율적인 배분 상태에 비해 모든 사람에게 선호된다. (O, X)

11 효용가능경계는 주어진 생산자원으로 얻을 수 있는 최대한의 효용조합을 나타낸다. (O, X)

12 주어진 생산자원이 완전히 고용되면 효용가능경계 위의 한 점을 얻는다. (O, X)

13 한계대체율과 한계기술대체율이 일치할 때 종합적 파레토 효율성이 달성된다. (O, X)

14 한계대체율이 한계변환율보다 크다면 소비와 생산의 조절을 통해서 파레토 개선이 가능하다.(O, X)

15 파레토 최적 배분 상태는 효용가능경계상에서 하나만 나타난다. (O, X)

16 재화의 최적 구성은 생산에 있어서 두 재화 간 한계변환율과 소비에 있어서 두 재화 간 한계대체율이 같을 때 이루어진다. (O, X)

정답 및 해설

06 O

07 X 두 사람의 효용함수가 동일하더라도 최초의 배분점에서 각자가 갖고 있는 X재와 Y재의 양이 같지 않다면 한계대체율이 동일하다는 보장이 없다.

08 O

09 O

10 X 극단적으로 많이 가진 사람에게는 선호되지 않을 수 있다.

11 O

12 X 완전히 고용되더라도 생산의 한계대체율이 동일한 상태만 효율적이다. 즉, 완전고용이 반드시 효율적인 것은 아니므로 효용가능경계 위의 한 점을 얻는다고 단정지을 수 없다.

13 X 한계대체율과 한계변환율이 일치할 때이다.

14 O

15 X 효용가능경계상의 모든 점들은 소비와 생산이 동시에 파레토 효율적이다. 그러므로 자원배분이 파레토 효율적인 점은 무수히 많이 존재한다.

16 O

17 생산가능곡선상의 모든 점은 생산이 파레토 효율적으로 이루어지는 점이다. (O, X)

18 효용가능경계상의 각 점에서는 소비의 파레토 효율성만 충족된다. (O, X)

19 효용가능경계상의 한 점은 생산가능곡선상의 한 점과 대응관계에 있다. (O, X)

20 효용가능경계상의 일부 점에서만 $MRS_{XY} = MRT_{XY}$가 성립한다. (O, X)

21 효용가능경계는 소비에 있어서 계약곡선을 효용공간으로 옮겨 놓은 효용가능곡선의 포락선(envelope curve)이다. (O, X)

22 효용가능경계는 효율과 공평을 동시에 달성시키는 점들의 궤적이다. (O, X)

정답 및 해설

17 O

18 X 효용가능경계상의 각 점에서는 모든 파레토 효율성이 충족된다.

19 O

20 X 효용가능경계상의 모든 점에서 $MRS_{XY} = MRT_{XY}$가 성립한다.

21 O

22 X 효율과 관련이 있을 뿐 공평은 관련이 없다.

Topic 2 후생경제학의 정리

후생경제학의 1정리 (효율성)	모든 개인의 선호체계가 강단조성을 지니고, 외부성, 공공재 등의 시장실패요인이 존재하지 않는다면 일반경쟁균형(왈라스균형)의 자원배분은 파레토 효율적임
후생경제학의 2정리 (효율성 & 공평성)	모든 개인들의 선호가 연속적이고 강단조성 및 볼록성을 충족하면 초기부존자원의 적절한 재분배를 통해 임의의 파레토 효율적인 자원배분을 일반경쟁균형을 통해 달성할 수 있음

Topic 2 핵심정리 O/X

01 파레토 효율 상태인 완전경쟁시장에서 평균수입과 한계비용이 일치한다. (O, X)

02 파레토 효율 상태인 완전경쟁시장에서 시장가격이 한계비용과 일치한다. (O, X)

03 생산자 간 생산요소배분의 효율성은 모든 생산요소시장이 완전경쟁시장이면 달성된다. (O, X)

04 소비자 간 재화배분의 효율성은 모든 상품시장이 완전경쟁시장이면 달성된다. (O, X)

05 시장경제에서 생산자 및 소비자 모두가 완전경쟁 상태에 있다면, 강단조성을 갖는 동시에 외부성 등이 존재하지 않는다는 조건하에서 파레토 효율이 이루어진다. (O, X)

06 파레토 효율 상태에서는 시장가격이 평균비용과 일치한다. (O, X)

07 파레토 효율 상태에서는 두 재화의 상대가격이 두 재화의 한계대체율과 일치한다. (O, X)

08 완전경쟁시장에서 달성된 균형가격은 파레토 효율성을 만족한다. (O, X)

정답 및 해설

01 O

02 O

03 O

04 O

05 O

06 X 시장가격이 한계비용과 일치한다.

07 O

08 O

09 외부경제가 존재하더라도 완전경쟁만 이루어진다면 파레토 최적의 자원배분은 가능하다. (O, X)

10 모든 사람들의 한계대체율이 같을 때 소비 및 생산의 파레토 최적이 달성된다. (O, X)

11 후생경제학의 제1정리는 아담 스미스(A. Smith)의 '보이지 않는 손'이 효율적인 자원배분을 실현함을 의미한다. (O, X)

12 파레토 효율성과 관련된 후생경제학 1정리와 2정리에 있어서 소비자의 선호체계에 대한 기본가정은 동일하지 않다. (O, X)

13 후생경제학의 2정리는 초기부존자원을 적절하게 재분배함으로써 효율성은 저해하지만 공평성을 추구할 수 있다는 것을 보여준다. (O, X)

14 후생경제학의 2정리는 소득재분배를 위한 정부개입의 타당성을 보여주는 정리이다. (O, X)

15 보이지 않는 손의 원리에 배치되는 예가 죄수들의 딜레마이다. (O, X)

16 후생경제학의 2정리에서는 시장이 완전경쟁이라면 자원은 효율적으로 배분됨을 보여주는데 이는 애덤 스미스의 '보이지 않는 손'이 달성됨을 보여준다. (O, X)

정답 및 해설

09 X 외부경제가 존재하면 안 된다.

10 X 생산의 파레토 최적이 달성되기 위해서는 재화 간 (혹은 산업 간) 한계기술대체율이 같아야 한다.

11 O

12 O 1정리: 강단조성(완전경쟁은 효율적이다), 2정리: 강단조성 + 볼록성

13 X 효율성을 저해하지 않는다.

14 O

15 O 각자의 이익에 맞추어서 행동할 경우 손해를 본다는 이론이 죄수의 딜레마이다.

16 X 후생경제학의 1정리에 대한 설명이다.

Topic 3 사회후생함수와 불가능성 정리

공리주의 사회후생함수	① SW = $U_A + U_B$ ② 사회적 총합 중시 ③ 계산 시 총량과 두 사람의 소득의 한계효용($MU_A = MU_B$)이 같음을 이용
롤스 사회후생함수	① SW = Min$[U_A, U_B]$ ② 최소 수혜자 최대의 원칙 ③ 계산 시 총량과 두 사람의 효용이 같음($U_A = U_B$)을 이용
평등주의 사회후생함수	① SW = $U_A \times U_B$ ② 가난한 자에게 높은 가중치 부여
애로우의 불가능성 정리	① 민주성과 효율성을 동시에 달성하는 함수는 없음을 증명 ② 조건: 완비성, 이행성, 파레토 원칙, 무관한 대안으로부터의 독립성, 비독재성

Topic 3 핵심정리 O/X

01 사회후생함수는 그 사회가 어떠한 가치 기준을 선택할 것인가에 대한 해답을 제공해 준다. (O, ×)

02 사회후생함수는 개인들의 효용을 측정할 수 있다고 가정한다. (O, ×)

03 사회후생함수가 $W = U_A + 2U_B$일 경우, B의 효용이 A의 효용보다 사회적으로 2배의 중요성이 부여된다. (O, ×)

04 사회후생을 극대화시키는 배분은 파레토 효율을 실현한다. (O, ×)

05 어떤 배분이 총효용가능경계선(Utility Possibility Frontier)상에 있다면 그 배분에서는 효율과 공평을 함께 증가시킬 수 없다. (O, ×)

정답 및 해설

01 X 해답은 사회구성원이 결정하는 것이다.

02 O

03 O

04 O

05 O

06 사회무차별곡선의 기울기가 −1인 사회후생함수는 어떤 한 사람이 낮은 효용 수준을 갖는다고 해서 그의 효용 수준에 더 큰 가중치를 부여하지는 않는다. (O, ×)

07 공리주의 사회후생함수는 소득을 공평하게 재분배해야 한다는 주장의 유력한 근거가 될 수 있다. (O, ×)

08 공리주의 사회후생함수는 모든 사회구성원의 총합으로 구성되며 $W = w_1 + ... + w_i$가 된다. (O, ×)

09 공리주의 사회후생함수일 경우 사회후생이 극대화되려면 각 개인의 소득의 한계효용이 서로 같아야 한다. (O, ×)

10 효용가능경계상의 두 점에서 A와 B의 후생 수준이 각각 ($U_A = 50$, $U_B = 50$)와 ($U_A = 80$, $U_B = 30$)일 때 공리주의 사회후생함수에서는 전자의 사회후생 수준을 높게 평가한다. (O, ×)

11 어떤 사람의 효용 수준이 높을수록 더 작은 가중치를 적용하여 도출되는 사회무차별곡선은 원점에 대하여 볼록한 형태를 가진다. (O, ×)

12 두 사람(A, B)만 존재하고 X재의 양은 1,000, A와 B의 효용함수는 각각 $3\sqrt{X_a}$, $\sqrt{X_b}$이다. 공리주의 사회후생함수의 형태를 가질 경우 사회후생의 극댓값은 80이다(단, X_a는 A의 소비량이고, X_b는 B의 소비량이며, X_a와 X_b는 모두 양의 수이다). (O, ×)

13 롤스의 사회후생함수는 개인 간 후생 수준의 비교 가능성과 기수적 측정 가능성을 가정한다.(O, ×)

정답 및 해설

06 O 공리주의는 동일한 가중치를 적용한다.

07 X 일반적으로는 아니나 에지워즈는 소득의 재분배는 사회후생을 증가시킬 수 있다고 주장한다.

08 O

09 O

10 X 후자의 후생 수준의 합이 높으므로 후자를 높게 평가한다.

11 O

12 X 1) 문제에 주어진 재화의 총량은 $X_a + X_b = 1,000$이다.

2) 두 사람의 한계효용이 일치하므로 $MU_A = MU_B$ → $\frac{3}{2\sqrt{X_a}} = \frac{1}{2\sqrt{X_b}}$이다.

3) 위 두 식을 연립해서 풀면 $X_a = 900$, $X_b = 100$이다.

4) 이를 사회후생함수 $W = 3\sqrt{X_a} + \sqrt{X_b}$에 대입하면 사회후생 $W = 100$으로 계산된다.

13 O

14 롤스의 사회후생함수는 $W=\min[U_A, U_B]$로 나타낼 수 있다. (O, X)

15 롤스(J. Rawls)의 사회후생함수는 사회구성원들 중에서 효용 수준이 가장 낮은 사람의 효용이 그 사회의 후생 수준이라고 본다. (O, X)

16 롤스의 사회후생함수에서 복권당첨으로 부자의 소득이 증가하면 사회후생은 감소한다. (O, X)

17 롤스의 사회후생함수는 레온티에프 생산함수와 동일한 형태를 가진다. (O, X)

18 롤스는 사회구성원들의 소득을 완전히 평등하게 분배할 때에만 사회후생이 극대화된다고 보았다. (O, X)

19 개인 A와 B로 구성된 경제에 X재가 1,000단위 존재하며, 이 재화에 대한 효용함수는 각각 $U_A=3\sqrt{X_A}$, $U_B=\sqrt{X_B}$이다. 이 사회의 사회후생함수를 $W=\min[U_A, U_B]$로 가정할 경우 사회후생의 극댓값은 60이다(단, $X_i>0(i=A, B)$는 개인 i의 X재 소비량이다). (O, X)

20 평등주의적 사회후생함수의 경우, 평등주의적 성향이 극단적으로 강하면 롤즈적 사회무차별곡선의 형태를 가진다. (O, X)

21 평등주의 사회후생함수는 모든 사회구성원들에게 동일한 가중치를 부여한다. (O, X)

22 평등주의 사회후생함수는 개인의 후생 수준이 높을수록 더 작은 가중치를 적용한다. (O, X)

23 애로우는 민주적이면서 합리적인 사회후생함수는 존재하지 않는다고 보았다. (O, X)

정답 및 해설

14 O

15 O

16 X 최소 수혜자의 소득이 변하지 않았으므로 사회후생은 변화가 없다.

17 O

18 X 최소 수혜자가 많이 가지면 된다.

19 X 1) X재의 예산제약식은 $X_A+X_B=1,000$이다.
2) 롤스의 사회후생은 $U_A=U_B$일 때 성립한다. 따라서 $3\sqrt{X_A}=\sqrt{X_B}$ → $9X_A=X_B$이다.
3) 위의 식을 예산제약식에 대입하면 $X_A+9X_A=1,000$ → $X_A=100$, $X_B=900$이다.
4) 따라서 사회후생은 $W=\min[30, 30]$이므로 사회후생의 극댓값은 30이다.

20 O

21 X 약자인 구성원들의 후생에 가중치를 부여한다.

22 O

23 O

24 애로우의 불가능성 정리는 이행성, 비독재성, 볼록성, 파레토 원칙 등이 해당한다. (O, ×)

25 애로우(K. Arrow)의 불가능성 정리는 사회의 여러 상태를 비교 · 평가할 수 있는 합리적이고 민주적인 기준을 찾을 수 없다는 것을 뜻한다. (O, ×)

26 사회후생함수는 그 사회가 선택하는 가치 기준에 의해서 형태가 결정된다. (O, ×)

27 사회후생함수에서는 개인들의 효용을 측정할 수 있다고 가정한다. (O, ×)

28 평등주의 사회후생함수는 각 개인의 효용에 동일한 가중치를 부여하게 된다. (O, ×)

29 공리주의 사회후생함수에 의하면 사회후생의 극대화를 위해서는 각 개인소득의 한계효용이 같아야 한다. (O, ×)

30 사회후생을 극대화시키는 배분은 파레토 효율을 달성한다. (O, ×)

31 롤즈(J. Rawls)적 가치판단에 기초한 사회무차별곡선은 우하향하는 직선 형태로 표시된다. (O, ×)

32 사회후생함수가 설정되면 어떤 변화가 발생했을 때, 그것이 개선인지의 여부를 판정할 수 있다. (O, ×)

33 사회후생함수와 효용가능경계를 이용하여 바람직한 자원배분을 도출할 수 있다. (O, ×)

34 사회구성원들의 가치판단에 따라 여러 유형의 사회후생함수가 선택될 수 있다. (O, ×)

35 센(A. Sen)에 따르면 제한된 수의 선택 가능성 사이에 서열을 매길 수 있는 합리적이고 민주적인 사회적 선호체계의 도출이 가능하다. (O, ×)

정답 및 해설

24 X 볼록성은 해당하지 않는다.
25 O
26 O
27 O
28 X 평등주의 사회후생함수는 빈곤자에게 높은 가중치를 부여한다.
29 O
30 O
31 X 롤즈적 가치판단에 기초한 사회무차별곡선은 L자형이다.
32 O
33 O
34 O
35 O

Topic 4 보상 원리

파레토 기준	한 명이라도 효용이 감소하지 않고 누군가 증가해야 개선
칼도(칼도 – 힉스) 기준	① 직접적 보상이 아닌 잠재적 보상 ② 사람 수가 아닌 정도 ③ 효용가능경계 내에서 효용가능경계상으로 가면 개선 ④ 칼도 기준: 사회가 특정한 의사결정을 내릴 때 이득을 보는 사람들의 효용 증가 폭이 손해를 보는 사람들의 효용 감소 폭보다 큰 경우 ⑤ 힉스 기준: 손해를 보는 그룹이 이득을 보는 그룹에게 사업시행이 이루어지지 않도록 매수하는 데 실패하는 경우
차선의 원칙	파레토 효율성 조건이 동시에 충족되지 않은 상황에서 그 중 더 많은 효율성을 충족시킨다고 해서 사회적으로 더 바람직한 상태가 되는 것은 아니라는 것

Topic 4 핵심정리 O/X

01 효용가능곡선이 교차하지 않는 경우, 보상 기준이 충족되면 잠재적으로 사회후생이 증가한다. (O, X)

02 스키토브스키(T. Scitovsky) 기준은 칼도 – 힉스(Kaldo – Hicks) 기준의 모순을 보완하기 위한 기준이다. (O, X)

03 파레토 기준은 칼도 – 힉스의 보상 기준을 충족한다. (O, X)

04 칼도 기준은 상태 변경으로 이득을 얻는 사람의 이득으로 손해를 보는 사람의 손실을 보상하고도 남는 경우를 말한다. (O, X)

05 힉스(J. R. Hicks) 기준은 상태 변경으로 손해를 보는 사람이 이득을 얻는 사람을 매수하는 데 실패하는 경우에 해당한다. (O, X)

정답 및 해설

01 O

02 O

03 X 파레토 기준은 누구도 감소하지 않은 상태에서 누군가 증가해야 하는 것이고 칼도 – 힉스 기준은 효용가능경계 내부에서 효용가능경계 위로 이동하는 것이므로 파레토 기준이 항상 칼도 – 힉스 기준을 충족하는 것은 아니다.

04 O

05 O

06 칼도－힉스 기준에 따르면 누군가의 희생 없이는 어떤 사람의 후생 증대가 불가능하다. (O, X)

07 칼도－힉스 기준에 따르면 경제 상태 변화에 따라 손해를 입게 되는 사람의 수가 이득을 보는 사람의 수보다 적을 때에 이루어지게 된다. (O, X)

08 보상 원칙은 파레토 기준의 한계를 보완하는 차원의 근거이다. (O, X)

09 칼도 기준은 개인 간의 직접적 효용 비교 없이 어떤 변화가 개선인지의 여부를 평가할 수 있는 방법이다. (O, X)

10 칼도 기준은 판단하는 시점에서는 보상 여부를 감안하지 않지만 선택 결정 이후에는 보상이 이루어져야만 한다. (O, X)

11 하나의 상태가 다른 상태로 변화했을 때 이득을 보는 사람이 손해를 보게 되는 사람의 손실을 보전하고도 남은 것이 있을 때 칼도 기준을 충족한다. (O, X)

12 사회구성원들이 1원에 대해 똑같은 사회적 가치평가를 한다고 암묵적으로 가정하고 있다. (O, X)

13 어떤 변화를 통해 이득을 얻는 사람에 의해 평가된 이득의 가치가 손해를 보는 사람에 의해 평가된 손해의 가치와 일치할 때 그 변화는 사회후생의 개선이다. (O, X)

14 보상의 원칙은 개인 간의 효용 비교 문제를 잠재적 보상이라는 개념을 통해 우회한다. (O, X)

정답 및 해설

06 X 파레토 기준에 대한 설명이다.

07 X 이득을 얻은 사람의 수는 소수이고, 손해를 보는 사람은 다수이더라도 총이득금액이 총손해금액보다 크면 개선으로 평가한다.

08 O

09 O

10 X 보상 원칙은 실제적 보상이 아닌 잠재적 보상을 기본으로 한다.

11 O

12 O

13 X 변화했을 때 이득이 더 커야 개선이라고 본다.

14 O

15 보상의 원칙에 의하면 직접적인 개인 간 효용 비교를 하지 않고서도 사회적 변화의 개선 여부를 평가할 수 있다. (O, X)

16 사업시행으로 이득을 본 그룹의 이득이 손해를 본 그룹의 손해보다 클 때 칼도 – 힉스 보상 기준을 만족한다. (O, X)

17 보상의 원칙은 당사자 간 실제 보상이 이루어지는 것을 전제로 한다. (O, X)

18 경제 상태에 따라 손해를 입게 되는 사람의 수가 이득을 보는 사람의 수보다 적을 때 이루어지게 된다. (O, X)

19 사업시행으로 인해 이득을 본 그룹의 최대지불의사금액이 손해를 본 그룹이 수용할 수 있는 최소금액 이상이면 칼도 기준을 이용한다. (O, X)

20 효용가능경계상으로 이동하는 모든 파레토 개선은 칼도 – 힉스 보상 기준을 만족한다. (O, X)

21 칼도 기준은 공공선택 기준에 있어 어느 구성원의 후생 하락도 허용하지 않는 파레토 기준의 비현실 문제를 보완한다. (O, X)

22 칼도 보상 기준에 따르면, 어떤 정책이 사회후생을 증대시키기 위해서는 그 정책시행으로 공평성이 개선되어야 한다. (O, X)

정답 및 해설

15 O

16 O

17 X 잠재적 보상을 가정한다.

18 X 수가 아니라 크기이다.

19 O

20 O

21 O

22 X 공평성의 개념이 아닌 효율성의 개념과 관련이 높다. 칼도의 보상 기준에 의하면 사회 상태 변화로 이득을 얻는 사람의 이득금액이 손해를 보는 사람의 손해금액보다 크면 그 변화는 개선으로 판단된다. 이때 이득을 얻는 사람이 저소득층인지, 고소득층인지는 따지지 않으므로 칼도의 보상 기준에서 공평성은 고려되지 않는다.

23 힉스 기준에서는 손해를 보는 그룹이 이득을 보는 그룹에게 사업시행이 이루어지지 않도록 보상하는 상황을 전제로 한다. (O, X)

24 차선 이론은 하나 이상의 효율성 조건이 이미 달성되지 않은 상태에서는 만족되는 효율성 조건의 수가 많아진다고 해서 사회적 후생이 더 커진다는 보장이 없다는 이론이다. (O, X)

25 차선의 이론을 활용한 것은 최적 물품세 이론이라고 볼 수 있다. (O, X)

26 차선 이론은 시장 문제에 정부가 개입할 것을 주장하는 이론이다. (O, X)

정답 및 해설

23 O

24 O

25 O

26 X 정부의 개입이 무의미하다는 것을 주장하는 이론이다.

Topic 5 시장실패

의미	보이지 않는 손에 의한 효율적 자원배분이 일어나지 않는 것
원인	불완전경쟁, 공공재, 외부성, 불확실성, 완비되지 못한 시장, 비대칭적 정보

Topic 5 핵심정리 O/X

01 자연독점으로 인한 시장실패는 반드시 정부개입으로 치유해야 한다. (O, X)

02 시장구조가 완벽하지 못할 경우 시장실패가 발생한다. (O, X)

03 경제에서 정부개입의 이론적 근거를 시장실패의 치유에서 찾는다. (O, X)

04 시장실패는 정부개입의 충분조건이 되는데 정부의 시장개입은 또 다른 비효율을 낳을 수 있기 때문에 신중해야 한다. (O, X)

05 경제주체가 불완전한 정보를 갖는 경우 시장실패가 발생한다. (O, X)

06 불완전한 경쟁의 경우 시장실패가 일어날 수 있다. (O, X)

07 공공재는 그 특성에 의해서 시장실패가 발생하게 된다. (O, X)

08 시장실패는 정부개입의 필요조건을 제공한다. (O, X)

09 완비되지 못한 보험시장의 경우 시장실패가 일어날 수 있다. (O, X)

정답 및 해설

01 X 정부개입이 시장실패를 야기할 수 있다.

02 O

03 O

04 X 필요조건이다.

05 O

06 O

07 O

08 O

09 O

10 외부불경제로 사회적 최적 생산량보다 과소 생산되는 경우에 시장실패가 발생한다. (O, X)

11 공공부문이 공급하는 재화나 서비스에 공공요금을 부과하면 가격기능을 통해 효율적인 자원배분이 가능하다. (O, X)

12 시장실패는 정부개입의 필요조건이다. (O, X)

13 정부가 어떤 정책에 대한 민간부문의 반응을 완벽하게 통제하지 못하면 정부실패가 발생할 수 있다. (O, X)

14 자연독점기업에 대한 한계비용 가격설정은 독점으로 인한 비효율성을 제거할 수 있다. (O, X)

정답 및 해설

10 X 외부불경제로 인한 시장실패는 과소 생산이 아닌 과다 생산되는 경우에 발생한다.

11 O

12 O

13 O

14 O

Topic 6 역선택과 도덕적 해이

역선택	① 거래 이전에 거래대상의 특성에 대해서 정보가 비대칭적인 상황에서 정보가 부족한 쪽에 불리한 선택을 하게 만드는 것 ② 감추어진 속성
도덕적 해이	① 계약 이후에 거래 당사자의 행동이 관찰 불가능한 경우 계약상황과 다른 행동을 취하는 것 ② 감추어진 행동

Topic 6 핵심정리 O/X

01 정보의 비대칭성은 자원배분의 비효율성을 초래하는 요인이 된다. (O, X)

02 국민연금의 강제 가입은 일찍 은퇴할 가능성이 높은 사람만 가입하는 역선택 문제를 해결할 수 없다. (O, X)

03 의료보험에 가입하면 개인들이 건강관리를 철저히 하지 않는 경향이 늘어나는 것은 의료보험의 도덕적 해이에 해당한다. (O, X)

04 민간 의료보험의 경우, 건강관리를 등한시하는 사람의 가입이 증가하는 것은 의료보험의 도덕적 해이에 해당한다. (O, X)

05 의료보험에 가입하면 본인부담 진료비가 줄어들어 병원에 자주 가는 것은 의료보험의 도덕적 해이에 해당한다. (O, X)

정답 및 해설

01 O

02 X 국민연금의 강제 가입은 일찍 은퇴할 가능성이 높은 사람만 가입하는 역선택 문제를 해결할 수 있다.

03 O

04 X 도덕적 해이는 행동이 변한 것이다. 건강관리를 보험가입 후 등한시하면 도덕적 해이지만, 보험가입 전에 건강관리를 등한시하는 사람이라면 역선택에 해당한다.

05 O

06 실손 민간 의료보험의 경우, 고가의 치료 방식을 선호하는 경향으로 인하여 보험금 지출이 늘어나게 되는 것은 의료보험의 도덕적 해이에 해당한다. (O, X)

07 의료보험의 도덕적 해이는 의료서비스에 대한 실제 비용보다 환자의 지불액이 낮을 때 발생한다. (O, X)

08 보험수요자의 정보가 보험공급자의 정보보다 클 때, 역선택이나 도덕적 해이가 나타날 수 있다. (O, X)

09 정보의 비대칭성 문제에서 감추어진 행동으로 인하여 발생하는 것이 도덕적 해이이다. (O, X)

10 정보를 가진 쪽에서 정보가 없는 쪽을 위하여 완전한 정보를 제공하는 경우에도 역선택의 문제가 발생한다. (O, X)

11 보험에 가입한 사람이 부주의하게 행동하여 사고 발생률이 증가하는 경우 도덕적 해이가 일어난다. (O, X)

12 임차인보다는 주택소유자가 집을 더 잘 관리하여 내부수리비용이 적게 드는 경우는 도덕적 해이에 해당한다. (O, X)

13 중고차 시장에서 상태가 나쁜 자동차가 주로 거래되는 경우 도덕적 해이에 해당한다. (O, X)

정답 및 해설

06 O

07 O

08 O

09 O

10 X 완전한 정보가 있다면 발생하지 않는다.

11 O

12 X 도덕적 해이와 관련 없다.

13 X 역선택에 해당한다.

14 보험청구액의 일정한 비율을 보험가입자로 하여금 지불하도록 하면 역선택의 문제가 해결된다. (O, X)

15 역선택 문제를 해결하는 방법은 모든 국민이 강제로 가입해야 하는 건강보험에 들게 하는 것이다. (O, X)

16 보험가입 시 정밀 신체검사를 실시한다면 도덕적 해이는 완전히 해결 가능한 현상이다. (O, X)

17 효율성 임금은 노동시장에서 도덕적 해이와 역선택 문제 모두를 줄일 수 있다. (O, X)

18 보험회사가 보험가입자들의 위험정도를 구분할 수 없을 때 평균위험도에 따라 보험료를 책정할 수 있으나 이 경우에는 그 균형이 불안정할 수밖에 없다. (O, X)

정답 및 해설

14 X 기초공제제도는 도덕적 해이의 해결책 중 하나이다.

15 O

16 X 완전해결은 불가능하다.

17 O

18 O

제2장

외부성과 공공재

제 2 장 외부성과 공공재

Topic 7 외부성의 의미와 유형

외부성	어떤 행위가 제3자에게 의도하지 않은 혜택이나 손해를 가져다주는데, 이에 대한 대가를 받지도 지불하지도 않을 때 발생함
금전적(= 화폐적) 외부성	① 상대가격의 변동을 가져옴 ② 사회구성원 간 소득분배에는 영향을 미치나 자원배분에는 영향을 미치지 않음 ③ 자원배분에 영향을 미치는 것은 실질적 외부성(= 기술적 외부성)임
소비의 양의 외부성	PMB < SMB
소비의 음의 외부성	PMB > SMB
생산의 양의 외부성	PMC > SMC
생산의 음의 외부성	PMC < SMC

Topic 7 핵심정리 O/X

01 기술적 외부성은 자원배분의 비효율성을 발생시킨다. (O, X)

02 해로운 외부성이 존재하면 해당 재화는 사회적 최적 수준보다 과다 생산되는 경향이 있다. (O, X)

03 대규모 건설공사로 인한 건축자재 가격 상승으로 다른 건축업자가 피해를 입은 것은 금전적인 외부성의 예이다. (O, X)

04 외부성은 생산과 관련된 현상으로 소비와 관련되어 나타날 수 없다. (O, X)

정답 및 해설

01 O

02 O

03 O

04 X 외부성은 생산과 소비 모두에 나타날 수 있다. 소비에서의 외부경제는 교육비 지출, 외부불경제는 흡연 등으로 인한 피해 등이 있다.

05 외부불경제가 존재하면 사회적 최적에 비하여 과다 생산된다. (O, X)

06 외부성을 내부화하기 위해 조세 또는 보조금을 사용한다. (O, X)

07 배출권 거래제는 공해물질에 대한 시장을 조성한 것으로 볼 수 있다. (O, X)

08 재산권을 통해 외부성을 내부화한 경우, 소득분배의 방향과 관계없이 효율성 달성이 가능하다. (O, X)

09 금전적 외부성이 자원배분의 비효율성을 유발할 수 있다. (O, X)

10 기술적 외부성은 자원배분의 비효율성을 발생시키지 않는다. (O, X)

11 기술적 외부성의 예로 화학공장이 강 상류에 폐수를 방출하는 것을 들 수 있다. (O, X)

12 기술적 외부성의 예로 대규모 건설공사로 인한 건축자재 가격 상승으로 다른 건축업자가 피해를 입은 것을 들 수 있다. (O, X)

13 기술적 외부성의 예로 양봉업이 인근 과수원의 생산에 영향을 미친 것을 들 수 있다. (O, X)

14 금전적 외부성이 존재하면 상대가격구조의 변동을 가져와 비효율적인 자원배분의 원인으로 작용한다. (O, X)

15 경유 사용으로 인해 대기오염이 증가하여 국민건강을 해친다면, 이는 외부경제효과이다. (O, X)

정답 및 해설

05 O

06 O

07 O

08 O

09 X 금전적 외부성은 자원배분의 비효율성과 아무런 관련이 없다.

10 X 기술적 외부성은 실질적 외부성으로서 실질적 외부성은 자원배분의 비효율성을 발생시킨다.

11 O

12 X 대규모 건설공사로 인한 건축자재 가격 상승으로 다른 건축업자가 피해를 입은 것은 금전적 외부성이며 금전적 외부성은 자원배분의 비효율성을 발생시키지 않는다.

13 O

14 X 금전적 외부성은 자원배분의 비효율성과 관련이 없다.

15 X 외부불경제이다.

16 외부불경제에 대해 토빈세(Tobin tax)를 부과하면 대기오염을 감축시킬 수 있다. (O, X)

17 외부효과를 상쇄하는 조세의 크기는 바람직한 경유소비량 수준에서의 한계피해액만큼이어야 한다. (O, X)

18 조세부과를 통해 외부효과를 내부화할 수 있지만, 자원배분의 효율을 달성하기 어렵다. (O, X)

19 외부성이 존재할 경우 효율적 자원배분을 위해서는 사회적 한계비용과 사회적 한계편익이 일치해야 한다. (O, X)

20 외부성이 존재할 경우 완전경쟁균형의 생산량과 소비량은 파레토 효율의 생산량이나 소비량보다도 항시 적다. (O, X)

21 피구세 형태의 공해세를 부과하게 되면 공해가 완전히 제거된다. (O, X)

22 사회적 비용이 사적 비용보다 클 경우, 기업의 사적 생산량(균형생산량)은 사회적으로 효율적인 생산량(최적 생산량)보다 적다. (O, X)

23 외부불경제가 존재하는 경우 시장에 맡겨두면 보편적으로 사회적 최적 생산량보다 과소 생산되는 경향이 있다. (O, X)

24 오염물질 배출량을 0으로 줄이는 것이 파레토 효율적이다. (O, X)

정답 및 해설

16 X 피구세를 부과하여야 한다. 토빈세는 국제투기자본에 대한 과세이다.

17 O

18 X 적정 생산을 가능하게 하여 자원배분의 효율성을 달성할 수 있도록 한다.

19 O

20 X 부정적인 외부성이 있으면 시장거래량이 완전경쟁균형거래량보다 크고, 긍정적인 외부성이 있으면 시장거래량이 완전경쟁균형거래량보다 적다. 따라서 항시 적은 것은 아니다.

21 X 완전히 제거되는 것이 아니라 적정량으로 변하게 된다.

22 X 부정적인 외부성이므로 기업의 사적 생산량은 최적 생산량보다 크다.

23 X 외부불경제이므로 과다 생산되는 경향이 있다.

24 X 오염물질 배출량을 0으로 줄이려면 생산량이 0이 되어야 하는데, 최적 생산량은 0이 아니기 때문에 효율적이지 않다.

25 생산의 외부성이 존재할 경우 사회적으로 최적인 생산량은 사회적 한계비용과 한계편익이 일치하는 수준에서 달성된다. (O, ×)

26 기업이 생산과정에서 제3자에게 끼친 손해를 전액 보상하더라도 생산 측면에서 외부효과는 여전히 존재한다. (O, ×)

27 외부경제로 인하여 사회적 최적 생산량보다 과다 생산되는 경우에 시장실패는 발생한다. (O, ×)

28 긍정적인 의미의 외부성이 존재한다는 것은 사회적 편익이 사적 편익보다 크다는 것을 의미한다. (O, ×)

29 아래 그림은 긍정적 외부성을 의미한다. (O, ×)

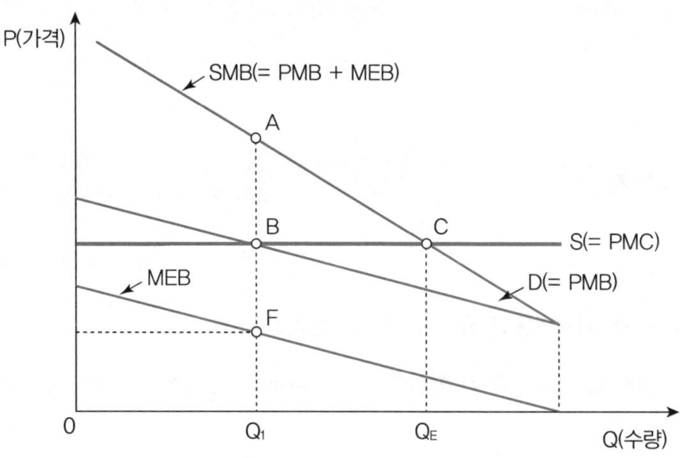

정답 및 해설

25 O

26 X 외부효과는 손해 혹은 이익에 대해 대가가 오고가지 않았기 때문에 생기는 것이므로 보상이 이루어지면 외부효과는 존재하지 않는다.

27 X 외부경제는 긍정적인 외부효과이기 때문에 과다 생산이 아닌 과소 생산되는 경우에 시장실패가 발생한다.

28 O

29 O

Topic 8 외부성의 해결방안

코즈의 정리	협상비용이 무시할 정도로 작고, 협상으로 인한 소득재분배가 각 개인의 한계효용에 영향을 미치지 않는다면 외부성에 관한 권리(재산권)가 어느 경제주체에 귀속되는가와 상관없이 당사자 간의 자발적 협상에 의한 자원배분은 동일하며 효율적임
피구세	① SMC(= PMC + EMC) = SMB로 사회적 최적량 구함 ② 최적량을 EMC에 대입
감산보조금	① 피구세와의 공통점: 음의 외부성에 적용 ② 피구세와의 차이점: 피구세는 재정수입으로 감산보조금은 기업의 수입이 됨
오염배출권	① 오염배출권시장의 형성 조건: 각 기업의 정화능력의 차이가 커야 함 ② 배출권 가격의 균형: 각 기업의 오염물질 1단위를 추가적으로 줄이기 위한 정화비용이 동일해야 함

Topic 8 핵심정리 O/X

01 코즈(R. Coase) 정리가 성립하려면 외부성에 관한 권리(재산권)의 설정이 명확해야 한다. (O, ×)

02 코즈 정리에 따르면 외부성 관련 거래비용이 클수록 협상이 용이하다. (O, ×)

03 코즈 정리는 외부효과의 조정에 있어 당사자 간 협상보다는 공해세 등 경제적 수단을 적용하는 것이 효율적이라고 주장한다. (O, ×)

04 외부성을 내부화시키기 위해서는 항상 당사자 간의 자발적인 협상을 통해야 한다. (O, ×)

05 공공재적 외부성은 사적재적 외부성에 비해 당사자 간 직접적 협상에 의한 해결 가능성이 높다. (O, ×)

정답 및 해설

01 O

02 X 코즈 정리에 따르면 외부성 관련 거래비용이 클수록 협상이 어렵다.

03 X 코즈 정리는 자발적 협상이 효율적이라고 주장한다.

04 X 합병/코즈 정리/조세 등이 모두 외부성을 내부화시키는 방안이다.

05 X 공공재일수록 이해당사자가 많기 때문에 사적재적 외부성에 비해 직접적 협상이 불리하다.

06 코즈 정리가 성립하려면 재산권 혹은 소유권이 피해자에게 명확하게 설정되어 있어야 한다. (O, X)

07 바람직한 조세제도는 외부성이 존재할 경우 가능한 민간부문 경제활동의 결과로 나타나는 상대가격을 왜곡하지 않아야 한다. (O, X)

08 음(−)의 외부성이 존재할 때 사회적 최적 생산량 수준에서 배출한 한계피해액만큼 세금을 부과하면 과소 생산 문제를 해결할 수 있다. (O, X)

09 기업에게 세금을 부과하여 사회적 비용과 사적 비용을 일치시키면 효율적이다. (O, X)

10 공해 유발기업의 평균비용과 시장수요에 대한 정확한 정보를 가지고 있다면 세금 부과를 통하여 외부성을 해결할 수 있다. (O, X)

11 공해세 부과방식은 오염물질 배출로 인한 환경파괴를 완전히 해결할 수 있다. (O, X)

12 환경오염 유발재화에 최적 피구세를 부과하면 환경오염이 발생하지 않는다. (O, X)

13 피구세는 교란을 일으키지 않는 중립세이다. (O, X)

14 오염물질 배출 단위당 공해세를 부과하는 방식과 오염물질 절감 단위당 공해세와 같은 금액의 보조금을 지급하는 방식은 단기적으로는 오염물질 배출량에 동일한 영향을 미친다(같은 규모의 공해저감효과를 유도한다). (O, X)

정답 및 해설

06 X 코즈 정리는 외부성에 관한 권리(재산권)가 어느 경제주체에 귀속되는가와 상관없이 당사자 간의 자발적 협상에 의한 자원배분은 동일하며 효율적이다. 반드시 피해자에게 설정될 필요는 없다.

07 X 외부성이 존재할 경우는 가격을 변화시켜야 사회적 최적 생산량에 도달할 수 있다.

08 X 음의 외부성이므로 과대 생산 문제를 해결할 수 있다.

09 O

10 X 한계피해에 대해 알고 있어야 외부성을 해결할 수 있다.

11 X 환경오염이 아예 발생하지 않는 것은 아니다.

12 X 적정 수준의 환경오염은 발생할 수 있다.

13 X 피구세는 상대가격체계의 변화를 통해 자원배분의 왜곡을 시정하므로 바람직한 조세이기는 하나 중립세인 것은 아니다.

14 O 감산보조금에 대한 내용이다. 하지만 감산보조금의 경우에는 장기적으로 보면 보조금을 수혜하기 위해 더 많은 기업들이 진입하게 되어 오염물질 배출량이 늘어날 수 있다.

15 배출권 거래시장이 형성되기 위해서는 각 공해 발생자들이 허용된 배출량까지 공해를 저감하는 한계비용의 차이가 없어야 한다. (O, X)

16 배출권시장의 균형에서는 배출권을 줄이는 데 드는 각 기업의 한계비용이 같아진다. (O, X)

17 오염배출권 거래는 환경오염 감축효과가 불확실한 것이 단점이다. (O, X)

18 온실가스배출권 거래제는 개별 기업의 온실가스 저감에 따른 한계비용 격차가 작을수록 효과적이다. (O, X)

19 오염배출권 거래에 참여하는 기업은 모두 이득을 얻을 수 있다. (O, X)

20 오염배출권의 거래가 자유롭게 이루어진다면 초기 오염배출권의 배분 상태와는 무관하게 오염배출권의 최종 배분 상태는 효율적이게 된다. (O, X)

21 오염배출권 거래는 피구세 방식에 비하여 더 많은 정보를 필요로 한다. (O, X)

22 오염배출권시장의 균형에서는 개별 기업이 결정한 배출량의 합이 정부가 설정한 목표 배출량과 일치한다. (O, X)

23 오염배출권 거래제도를 위해 정부는 총배출량을 설정할 때 개별 기업의 한계저감비용에 관한 정보를 필요로 한다. (O, X)

정답 및 해설

15 X 공해 발생자들 간에 한계비용의 차이가 커야 배출권 거래가 활성화될 수 있다.

16 O

17 X 감축효과가 확실하다.

18 X 격차가 클수록 효과적이다.

19 O 이득을 얻기 위해 자발적인 거래에 참여하는 것이기 때문이다.

20 O

21 X 오염배출권 거래는 시장에서 이루어지므로 한계피해를 정확히 측정하여 세금을 부과하는 피구세에 비하여 더 많은 정보가 필요한 것은 아니다.

22 O

23 X 오염배출권 거래제도에서 사회적 총량에 입각한 배출권 분배를 실시하면 해당 기업들이 자신의 이익을 극대화하기 위해 배출권 거래를 통해서 효율적인 오염배출량이 결정된다는 것이다. 따라서 정부는 총배출량을 설정할 때 개별 기업의 한계저감비용에 관한 정보를 필요로 하지 않는다.

24 오염배출권 거래제도는 환경세에 비해 인플레이션과 같은 경제 상황의 변화에 쉽게 적응할 수 있다. (O, ×)

25 오염배출권 거래제도에서 배출권 거래 시 한계저감비용이 상대적으로 높은 기업이 구매자가 된다. (O, ×)

26 오염배출권시장의 균형에서는 각 기업의 한계저감비용이 같아진다. (O, ×)

27 상품의 시장수요곡선은 $Q = 20 - P$이고, 한계비용은 $MC = 5 + Q$이며, 상품 1단위 생산 시 발생한 한계피해는 $MD = Q$이다. 이때 자원배분 왜곡을 치유하기 위한 최적 제품 부과금(product charge)은 5이다(단, Q: 수량, P: 가격). (O, ×)

28 긍정적 외부성이 있는 재화의 수요함수가 $Q = 10 - P$이고, 한계편익함수는 $Q = 5 - P$이다. 한계생산비용이 7.5라면 사회적 최적 생산량은 3.75이다(단, Q: 수량, P: 가격). (O, ×)

정답 및 해설

24 O

25 O

26 O

27 O 1) 단위당 최적 조세액은 최적 생산량 수준에서 SMC와 PMC의 차이만큼이다.
2) $SMC = PMC + MD = 5 + 2Q$이고, 수요함수가 $P = 20 - Q$이므로 $P = SMC$로 두면 $20 - Q = 5 + 2Q$, $Q = 5$이다.
3) $Q = 5$를 사회적 한계비용함수에 대입하면 $SMC = 15$이고, $Q = 5$를 사적 한계비용함수에 대입하면 $PMC = 10$이므로 단위당 최적 조세액은 5임을 알 수 있다.

28 O 사회적 최적 생산량은 사회적 한계편익과 한계비용이 일치할 때 이루어진다.
수요함수는 $P = 10 - Q$이고, 한계편익함수는 $P = 5 - Q$이므로 사회적 한계편익함수는 $P = 15 - 2Q$이다.
따라서 $15 - 2Q = 7.5$이므로 $Q = 3.75$이다.

29 화학공장 A의 한계편익이 $MB_A = 90 - \frac{1}{2}Q$, A의 생산으로 인한 양식장 B의 한계피해비용은 $MD_B = \frac{1}{4}Q$일 때 강의 소유권이 A에게 있고 양자 간의 협상이 성립하여 사회적으로 바람직한 생산량이 달성된다면, A가 B로부터 받는 보상의 범위는 최소 900 이상, 최대 2,250 이하가 될 것이다(단, Q에 대한 A의 한계비용과 B의 한계편익은 0이며, 협상에 개시되는 경우 협상비용도 0이고 Q는 A의 생산량이다). (O, ×)

30 코즈의 정리는 외부성이 있는 경우 형평성이 아닌 효율성을 고려하는 해결방안이다. (O, ×)

31 외부성이 있는 경우 당사자들의 이해관계와 무관하게 코즈 정리를 적용할 수 있다. (O, ×)

정답 및 해설

29 O 1) 화학공장의 한계편익은 생산량이 0일 때 90이고 한계편익이 0일 때의 생산량은 180이다.

2) 양식장의 한계비용은 생산량이 0일 때 0이고 화학공장이 180 생산할 때 45이다.

3) 양자의 한계편익과 한계비용이 만나는 지점은 $90 - \frac{1}{2}Q = \frac{1}{4}Q$이므로 $Q = 120$이고 한계편익과 한계비용은 30이다. 이를 그래프로 나타내면 다음과 같다.

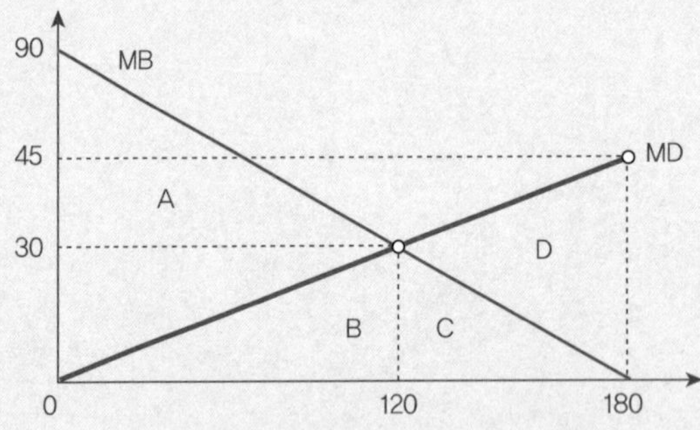

4) 강의 소유권이 A에게 있고 양자 간의 협상이 성립하여 사회적으로 바람직한 생산량이 달성된다면, A는 C만큼 받고 싶어 하고 B는 C + D만큼 지불할 용의가 있다. C는 $60 \times 30 \times \frac{1}{2} = 900$이고 C + D는 $(30 + 45) \times 60 \times \frac{1}{2} = 2,250$이다. 따라서 A가 B로부터 받는 보상의 범위는 최소 900 이상, 최대 2,250 이하가 될 것이다.

30 O

31 O

32 코즈의 정리는 외부성 문제가 있는 재화의 과다 또는 과소 공급을 해결하는 방안이다. (O, X)

33 코즈의 정리에서 정부가 환경세를 부과하여 당사자의 한 쪽에게 책임을 지게 하면 효율적 자원배분을 이룰 수 있다. (O, X)

34 코즈의 정리에서 소유권이 분명하다면, 당사자들의 자발적 거래에 의해 시장실패가 해결된다는 정리이다. (O, X)

35 재화 X의 소비에 대한 사적 한계편익(PMB)이 600 − 4Q, 생산의 사적 한계비용(PMC)이 6Q, 생산에 따른 외부한계피해(MD)가 2Q일 때, 사회적 최적 생산량을 달성하기 위한 피구세(Pigouvian tax)의 크기는 100이다(단, Q는 생산량이다). (O, X)

정답 및 해설

32 O

33 X 코즈의 정리는 외부성의 사적 해결방안이다. 정부가 환경세를 부과하여 당사자의 한 쪽에게 책임을 지게 하는 것은 공적 해결방안에 해당한다.

34 O

35 O 1) 피구세의 크기는 사회적 최적 생산량에서 발생한 외부한계피해이다.
2) 사회적 최적량은 SMB = SMC이다.
3) 문제에서 한계편익만 나와 있으니 PMB = SMB이다.
4) SMC = PMC + EMC이다. 문제에서 EMC = MD이므로 SMC = 6Q + 2Q = 8Q이다.
5) 따라서 사회적 최적량을 구하면 600 − 4Q = 8Q → 12Q = 600 → Q = 50이다.
6) MD = 2Q이므로 피구세는 100이다.

36 기업 A와 B는 현재 각각 500단위의 오염을 배출하고 있으며, 배출의 저감비용은 각각 $C(q_A) = 40 + \frac{1}{2}q_A^2$, $C(q_B) = 30 + q_B^2$이다. 정부가 총 배출량을 30% 줄이기 위해 배출권 거래제를 도입하고, A에 400단위, B에 300단위의 배출권을 무료로 할당한다면 배출권시장의 균형에서 배출권의 가격은 200이고 거래량은 100단위이다(단, $q_i(i = A, B)$는 기업 i의 배출 저감량이다). (O, X)

정답 및 해설

36 O 1) 줄여야 하는 배출권의 양은 300단위이다. 따라서 $q_A + q_B = 300$이다.

2) 기업 A의 한계저감비용은 $MC_A = q_A$이고, 기업 B의 한계저감비용은 $MC_B = 2q_B$이다.

3) 오염배출권시장의 균형은 두 기업의 한계저감비용이 같아져야 하므로 $MC_A = MC_B$ ➔ $q_A = 2q_B$이다.

4) 최초의 식에 대입하면 $2q_B + q_B = 300$ ➔ $q_B = 100$, $q_A = 200$이다. 따라서 기업 A는 200을 감축해야 하고, 기업 B는 100을 감축해야 한다. 이때 한계저감비용이 200이므로 배출권의 가격은 200이다.

5) 기업 A는 200단위를 감축해야 하는데 배출권을 400단위 가지고 있으므로 100단위의 배출권이 남고 기업 B는 100단위를 감축해야 하는데 배출권을 300단위 가지고 있으므로 100단위가 부족하다. 따라서 100단위의 배출권이 거래된다.

6) 그래프

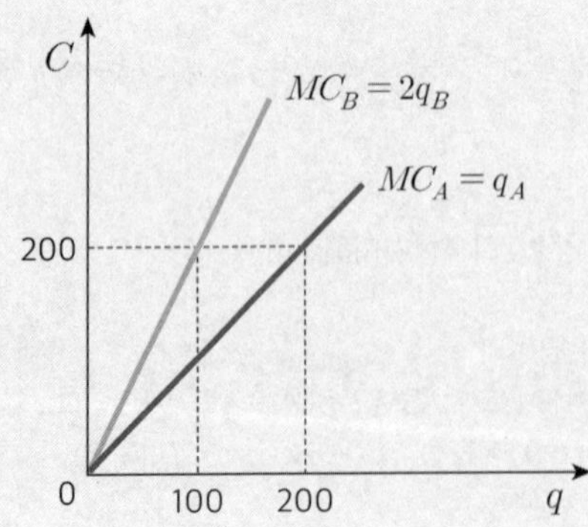

Topic 9 공공재의 특성과 최적 공급

공공재의 특성	① 비경합성, 비배제성으로 인한 과소 생산 ② 비경합성으로 인한 추가소비의 한계비용은 0
공공재의 최적 공급	① **생산비용조달이 목표:** 사회 전체의 사회편익과 한계비용이 일치하는 점으로 결정됨 ② **비경합성:** 모든 소비자들이 동일한 양을 소비하면서 서로 다른 가격을 지불함 ③ $MB_A + MB_B = MC$ ④ 한계편익은 수요곡선의 높이이므로 수요곡선을 수직 합하여 구함

Topic 9 핵심정리 O/X

01 순수공공재의 경우 소비자 추가에 따른 한계비용이 영(0)이다. (O, X)

02 가치재는 순수공공재에 해당된다. (O, X)

03 비경합성이란 소비자의 추가적인 소비에 따른 한계비용이 0(zero)이 됨을 의미한다. (O, X)

04 순수공공재는 배제성과 비경합성을 동시에 충족한다. (O, X)

05 대부분 공공재는 순수공공재로 볼 수 있으며, 시장이 성립하지 못한다. (O, X)

06 공공재와 가치재 모두 개인적인 편익보다 사회적인 편익이 더 크다. (O, X)

07 공공재는 배제가 불가능한 데 비해 가치재는 배제가 가능하다. (O, X)

정답 및 해설

01 O

02 X 가치재는 소득 수준에 관계없이 모든 사람에게 필요한 것으로 간주하는 재화 또는 서비스, 학교급식, 의무교육, 저임대 주택 등이 이에 해당한다. 배제성과 경합성의 여부는 관계가 없으므로 순수공공재에 해당하지 않는다.

03 O

04 X 순수공공재는 비배제성과 비경합성을 동시에 충족한다.

05 X 대부분 공공재는 순수공공재로 볼 수 없으며, 비순수공공재도 많이 존재하므로 시장이 성립한다.

06 O

07 O

08 공공재와 가치재를 정부가 공급하면 소비자주권과 충돌이 발생한다. (O, X)

09 공공재와 가치재는 모두 긍정적인 외부성을 갖는 재화로 볼 수 있다. (O, X)

10 공공재의 소비자들은 자신의 수요를 정확하게 표출한다. (O, X)

11 국가가 제공하는 의료서비스나 주택서비스는 공공재이다. (O, X)

12 소비의 비경합성이란 공공재의 소비에 추가적으로 새로운 소비자가 참여하여도 혼잡이 전혀 생기지 않는다는 것을 의미하므로 추가적 소비자와 관련된 한계비용이 없다는 것이다. (O, X)

13 각 개인의 수요를 수직적으로 합하여 공공재의 수요곡선을 도출하는 이유는 공공재의 비경합성 때문이다. (O, X)

14 소비의 비경합성 때문에 무임승차자 문제(free rider problem)가 발생한다. (O, X)

15 소비에 있어서 요금을 지불하지 않은 사람을 배제하는 것이 불가능하더라도 소비에 경합성이 작용한다면 시장에서 그러한 재화를 공급하는 것이 가능하다. (O, X)

16 공공재도 배제가 가능하면 민간에 의해(시장기구에 의해) 공급이 가능하다. (O, X)

17 비경합성이 강한 공공재일수록 공공재가 주는 사회적 편익의 크기는 더 커진다. (O, X)

18 공유자원(common resources)은 경합성은 있지만 배제성은 없는 재화이다. (O, X)

정답 및 해설

08 X 공공재는 민간부문에 의해서는 거의 공급되기 어려우므로 정부에 의한 공공재 공급이 소비자주권과 충돌한다고 보기는 어렵다.

09 O

10 X 공공재의 소비자들은 비경합성과 비배제성 때문에 자신의 수요를 정확하게 표출하지 않는다.

11 X 국가가 제공하는 의료서비스나 주택서비스는 배제성과 경합성을 모두 지니고 있으므로 공공재가 아닌 가치재이다.

12 O

13 O

14 X 소비의 비배제성 때문에 무임승차자 문제가 발생한다.

15 X 비배제성 때문에 가격설정이 불가능하여 소비에 경합성이 작용하더라도 재화공급이 불가능하다.

16 O

17 O

18 O

19 공유자원의 사용에 가격이 부과되지 않기 때문에 사람들은 공유자원을 과다하게 사용하는데 이는 공유자원을 사용하는 경우 얻는 사적 가치가 사회적 가치보다 크기 때문이다. (O, X)

20 공공재의 효율적 생산 수준은 각 개인의 수요를 수직적으로 합한 수요곡선과 공공재 생산의 한계비용곡선이 만나는 곳에서 결정된다. (O, X)

21 부분균형분석에 의한 공공재의 최적 공급 수준은 공공재에 대한 사회의 수요곡선과 공공재의 공급곡선이 교차하는 곳에서 이루어진다. (O, X)

22 공공재의 최적 공급 수준은 개별 이용자의 한계편익의 합과 한계비용이 일치할 때 달성된다.(O, X)

23 공공재에 대한 사회의 수요는 각 산출량 수준에서 개인들이 지불하고자 하는 최대의 금액을 모두 합하여 구한다. (O, X)

24 공공재에 대한 개개인의 수요는 사적재에 대한 수요와는 달리 가상적인 수요 또는 의사수요라 불린다. (O, X)

25 일반균형분석의 관점에서 보면 공공재의 최적 공급 수준은 사회구성원들의 한계대체율의 합이 한계변환율과 일치하는 수준에서 결정된다. (O, X)

26 공공재는 모든 사람들이 동일한 양을 소비하므로 이론적으로 볼 때 모든 개인들이 동일한 가격을 부담하는 것이 최적이다. (O, X)

27 공공재에 대하여 개별 수요자의 진정한 수요가 표출되지 않기 때문에 가상수요곡선의 개념을 사용한다. (O, X)

정답 및 해설

19 O
20 O
21 O
22 O
23 O
24 O
25 O
26 X 공공재는 모든 사람이 동일한 양을 소비하지만 공공재로부터 얻는 편익이 서로 다르기 때문에 모든 개인들이 서로 다른 가격을 지불하는 것이 최적이다.
27 O

28 적정 공급 수준에서는 수요자로 하여금 자신이 얻는 한계편익과 일치하는 가격을 지불하도록 하면 공공재 공급의 재원조달 문제가 해결 가능하다. (O, X)

29 두 사람(A, B)이 존재하는 경제에서 공공재 X의 한계비용(MC_X)은 2X, A의 한계효용(MU_A)은 4 − X, B의 한계효용(MU_B)은 8 − 2X이다. 이 경우 공공재의 균형량은 3이다. (O, X)

30 국방에 대한 갑의 수요함수는 Q = 45 − 3P, 을과 병의 수요함수는 각각 Q = 40 − 4P이다. 국방의 한계비용이 25이면 사회적으로 적정한 국방 수준은 12이다(단, Q: 국방 수준, P: 부담 몫). (O, X)

31 4가구(가 ~ 라)가 있는 마을에서 강을 건너기 위한 다리를 건설하기로 합의하였다. (가)는 다리를 건널 필요가 없는 농가이고, (나)는 다리를 이용하여 강 건너 직장에 출퇴근하여 500의 총편익을 얻는다. 다리 이용에 따른 (다)의 총편익은 $400 + 30M + 20M^3$이고 (라)의 총편익은 $300 + 70M + 30M^3$이다. 이때 다리의 총건설비용은 3,850M + 750이다. 다리의 적정 규모 M은 5이다(단, M: 다리 규모). (O, X)

정답 및 해설

28 O 자신이 진정으로 누리는 편익에 근거하여 가격을 지불하면 적정 생산량이 공급되어 재원조달 문제가 생기지 않는다.

29 X 두 사람의 한계편익을 합한 사회적인 한계편익 SMB = 12 − 3X이므로 최적 공공재의 생산량을 구하기 위해 SMB = MC로 두면 12 − 3X = 2X이다. 따라서 X = 2.4로 계산된다.

30 O 1) 공공재의 시장수요곡선은 개별수요곡선의 수직 합으로 도출되므로 시장수요곡선을 구하기 위해서는 각자의 공공재 수요곡선을 P에 대해 정리한 후에 더해야 한다.

2) 갑의 수요함수가 $P = 15 - \frac{1}{3}Q$, 을과 병의 수요함수가 각각 $P = 10 - \frac{1}{4}Q$이므로 공공재의 시장수요곡선은 $P = 35 - \frac{5}{6}Q$이다.

3) 공공재의 최적 생산량을 구하기 위해 P = MC로 두면 $35 - \frac{5}{6}Q = 25$, Q = 12로 계산된다. 이제 각 개인이 지불해야 할 가격을 구하기 위해 Q = 12를 각자의 수요함수에 대입하면 갑, 을, 병이 지불해야 할 가격은 각각 11, 7, 7로 계산된다.

31 O 공공재 생산을 위해서 '한계편익의 합 = 한계비용'이 되어야 한다. 따라서 다리 건설로 인한 (가)의 한계편익 0, (나)의 한계편익 0, (다)의 한계편익 $30 + 60m^2$, (라)의 한계편익 $70 + 90m^2$이므로 총한계편익은 $100 + 150m^2$이다. 한계비용은 3,850이므로 $100 + 150m^2 = 3{,}850$이다. 따라서 M = 5이다.

Topic 10 공공재의 최적 공급 – 린달, 사무엘슨 모형

린달 모형	① 준 시장적 모형 ② 수요가 자발적으로 시현됨을 가정 ③ 계산 시 공공재의 최적 공급과 동일하지만 MC를 1로 놓고 비율을 구하면 됨
사무엘슨의 일반균형분석	① 일반균형 측면에서 최적 공공재 공급을 도출 ② 공공재와 사적재 간 한계대체율의 합 = 한계변환율

Topic 10 핵심정리 O/X

01 린달 모형에서는 공공재에 관한 진정한 선호를 표출하기 때문에 무임승차의 문제가 생기지 않는다. (O, X)

02 린달 모형은 자발적 교환을 통한 공공재의 공급 문제를 다루고 있다. (O, X)

03 린달 모형은 개인 간 갈등해소를 위해 정부가 적극적으로 개입해야 함을 시사한다. (O, X)

04 린달 모형에서 개별 소비자의 공공재비용 분담비율은 소비자의 소득에 의해서 결정된다. (O, X)

05 린달 모형에서는 파레토 최적이 달성되지 않는다. (O, X)

06 린달 모형의 정책적 함의는 '개인 간 갈등해소를 위해 정부가 적극적으로 개입해야 함'을 의미한다. (O, X)

07 린달 모형에서 도출된 해는 사무엘슨의 효율성 조건을 만족시킬 수 있다. (O, X)

08 합의에서 결정되는 비용의 부담비율이 시장에서 가격의 기능과 유사함을 밝힌 모형이다. (O, X)

정답 및 해설

01 X 공공재에 관한 진정한 선호를 표출하더라도 비배제성이므로 무임승차의 문제가 생길 수 있다.
02 O
03 X 린달 모형은 준 시장적 모형으로 정부개입을 요구하지 않는다.
04 X 개별 소비자의 공공재비용 분담비율은 소비자의 공공재의 지불용의에 의해 결정된다.
05 X 린달 모형은 파레토 효율적이다.
06 X 린달 모형의 정책적 함의는 자발적 교환 모형으로써 정부개입과는 관련이 없다.
07 O
08 O

09 린달 모형은 정부의 개입이 불필요하다는 것을 강조했다는 점에서 코즈 이론과 유사하지만, 형평성을 강조했다는 점에서 코즈 이론과 차별화된다. (O, X)

10 린달 모형은 자발적 교환(합의)을 통해 공공재의 공급 문제를 다루고 있다. (O, X)

11 린달은 시장의 분권화된 의사결정으로 효율적인 자원배분이 달성될 수 없음을 보였다. (O, X)

12 린달 모형에서 공공재 생산량은 최적 생산량이다. (O, X)

13 린달 모형은 공공재에 관한 진정한 선호를 표출하지 않아도 무방하다고 본다. (O, X)

14 린달 모형은 공공재의 공급량과 비용부담비율을 동시에 풀어낼 수 있다. (O, X)

15 부분균형분석에 의하면, 공공재는 소비자들의 한계편익의 합과 한계비용이 일치할 때 효율적인 공급이 이루어진다. (O, X)

16 보웬(H. Bowen)에 따르면, 개별적이고 자발적인 교섭에 의해 공공재의 적정 공급이 실현된다. (O, X)

17 린달(E. Lindahl)은 시장의 분권화된 의사결정으로는 효율적인 자원배분이 달성될 수 없음을 보였다. (O, X)

18 사무엘슨(P. Samuelson)은 모든 소비자들의 공공재와 사적재 간 한계대체율의 합을 두 재화의 한계변환율과 일치하는 것이 효율적인 공공재 공급의 필요조건이라고 하였다. (O, X)

정답 및 해설

09 X 린달 모형은 정부의 개입이 불필요하다는 것을 강조했다는 점에서 코즈 이론과 유사하지만, 형평성을 강조하지 않았다.

10 O

11 X 린달은 시장의 분권화된 의사결정으로 효율적인 자원배분이 달성될 수 있음을 보였다.

12 O 린달 모형에서는 최적 공공재 생산량과 공공재 건설에 따르는 분담비율까지 결정된다.

13 X 진정한 선호를 표출해야만 효율적인 자원배분을 위한 생산량을 도출할 수 있다.

14 O

15 O

16 O

17 X 린달의 자발적 교환 모형에 의하면 각 개인들이 공공재에 대한 선호를 자발적으로 표명하면 공공재의 최적 공급이 이루어진다. 즉, 분권화된 의사결정으로 효율적인 자원배분이 이루어질 수 있다.

18 O

19 사무엘슨 모형에서는 사회구성원의 공공재에 대한 선호가 모두 알려져 있다고 가정한다. (O, X)

20 사무엘슨 모형은 순수공공재뿐만 아니라 비순수공공재도 포함한 공공재 공급 모형이다. (O, X)

21 사무엘슨 모형에서는 사회구성원의 소득분배가 주어진 상태에서 공공재와 사용재의 최적 자원배분 모형을 제시하였다. (O, X)

22 사무엘슨 모형에서 적정 공급은 한계기술대체율의 합이 한계생산변환율과 일치하는 수준에서 결정된다. (O, X)

23 사무엘슨 모형은 분배부문의 역할과 배분부문의 역할을 구분하여 각각의 역할을 모두 분석한다. (O, X)

정답 및 해설

19 O 보웬/린달/사무엘슨 모두 선호는 주어졌다고 가정하여 공공재의 최적 공급량을 도출하는 것이다.

20 X 비순수공공재, 즉 클럽재 등을 고려한 것이 아니다.

21 O

22 X 한계기술대체율이 아닌 한계대체율의 합이 한계변환율과 일치하여야 한다.

23 X 소득과 관련된 것이 분배이고 자원과 관련된 것이 배분인데, 사무엘슨 모형은 자원의 효율적 배분에 대해 논하고 있으므로 옳지 않은 지문이다.

24 갑과 을 두 사람만 존재하는 경제에서 공공재 생산의 단위비용은 생산 수준과 관계없이 1이다. 갑의 공공재 수요함수는 $3-\frac{1}{3}G_A$이고, 을의 공공재 수요함수는 $4-\frac{1}{2}G_B$이다. 린달 균형(Lindahl equilibrium)에 의해 적정 공공재를 생산할 때, 갑과 을은 동일하게 부담하여야 한다(단, G_A, G_B는 각각 갑과 을의 공공재 수요량이다). (O, X)

25 A, B 두 사람이 공동으로 소비하는 공공재(Z)에 대한 수요함수는 각각 $Z_A=100-20P$, $Z_B=100-10P$이고, 이를 생산하는 데 드는 한계비용이 3일 때, B의 린달가격(부담비율)은 $\frac{1}{2}$이다(단, P는 공공재 가격이다). (O, X)

정답 및 해설

24 X 1) 갑의 공공재 수요함수가 $P_A=3-\frac{1}{3}G_A$, 을의 공공재 수요함수가 $P_B=4-\frac{1}{2}G_B$이므로 이 둘을 합한 공공재의 시장수요곡선은 $P=7-\frac{5}{6}G$이다.

2) 공공재 생산의 한계비용이 1이므로 최적 생산량을 구하기 위해 $P=MC$로 두면 $P=7-\frac{5}{6}G=1$ ➜ $\frac{5}{6}G=6$ ➜ $G=\frac{36}{5}$이다.

3) $G=\frac{36}{5}$을 갑의 공공재 수요함수에 대입하면 $P_A=0.6$, 을의 수요함수에 대입하면 $P_B=0.4$로 계산된다.

25 X 1) 공공재의 균형조건은 'MB의 합 = MC'이다.

2) A와 B의 함수를 P의 형태로 바꾸면 A는 $P=5-\frac{1}{20}Z$, B는 $P=10-\frac{1}{10}Z$이다. 이를 더하면 $P=15-\frac{3}{20}Z$이다.

3) 공공재의 균형조건에 대입하면 $P=15-\frac{3}{20}Z=3$이므로 $Z=80$이다.

4) 이를 각각의 수요함수에 대입하면 A는 1, B는 2를 부담하게 되어 B의 부담비율은 $\frac{2}{1+2}=\frac{2}{3}$이다.

Topic 11 공공재의 수요표출 메커니즘

무임승차자 문제	용의자의 딜레마(게임 이론) 이해
수요표출 메커니즘 (클라크세)	① 진정한 선호를 드러내는 것이 각자에게 우월한 전략이 되도록 고안된 제도 ② 개인 A가 납부할 조세 = 총생산비용 – 개인 A를 제외한 다른 사람들의 편익 합 ➜ 공공재 최적 생산량 결정에는 개인 선호가 반영되나 개인 A가 부담하는 세금에는 반영 안 됨 ③ 균형예산이 보장되지 않으며, 담합에 취약함

Topic 11 핵심정리 O/X

01 아래의 게임에 있어서 담합을 통해 파레토 우월한 상태로 갈 수 있으나, 이탈할 유인이 존재한다. (O, X)

구분		을	
		부담함	부담 안 함
갑	부담함	(50, 50)	(–25, 75)
	부담 안 함	(75, –25)	(0, 0)

02 수요표출 메커니즘의 궁극적 목적은 파레토 효율적 자원배분을 실현하기 위함이다. (O, X)

03 클라크 조세의 핵심은 개인이 부담할 세금의 크기와 표출한 선호 간 독립성을 확보하기 위한 것이다. (O, X)

04 클라크 조세에서 개인은 자신의 진정한 선호를 표출하는 것이 우월전략이다. (O, X)

05 클라크 조세(Clarke tax)에서 각 개인은 공공재에 대한 자신의 진정한 선호를 표출하는 것이 우월전략이다. (O, X)

정답 및 해설

01 O

02 O

03 O

04 O

05 O

06 클라크세(Clarke tax)는 공공재 수요자의 진정한 선호를 이끌어내기 위한 제도로서 균형재정을 보장한다. (O, X)

07 클라크 조세에서 어떤 소비자가 부담할 세금은 자신이 표출한 선호가 아니라 다른 소비자들이 표출한 선호에 의해 결정된다. (O, X)

08 클라크 조세는 어떤 개인의 선호 시현에 따른 다른 모든 사람이 입는 순손실의 크기로 결정된다. (O, X)

09 수요표출 메커니즘하에서 개인들이 공공재에 대한 선호를 과소 시현하면 개인이 부담해야 할 비용이 편익보다 더 크게 감소한다. (O, X)

10 클라크 조세가 부과되는 경우에는 사무엘슨 조건이 충족되므로 공공재의 최적 공급이 이루어진다. (O, X)

11 클라크 조세 부과 시 사회구성원의 수가 많을 경우 각 개인의 편익을 조사하는 데 비용이 막대하게 소요되는 문제가 있다. (O, X)

12 클라크 조세하에서는 각 개인이 진정한 선호를 시현하는 것이 우월전략(dominant strategy)이다. (O, X)

13 수요표출 메커니즘은 공공재가 과다 공급되는 것을 방지하기 위한 수단이다. (O, X)

정답 및 해설

06 X 클라크세는 공공재 수요자의 진정한 선호를 이끌어내기 위한 제도이지만 균형재정을 보장하지는 않는다.

07 O

08 O

09 X 수요표출 메커니즘하에서는 개인들이 공공재에 대한 선호를 과소 시현하면 편익이 비용보다 더 크게 감소한다.

10 O

11 O

12 O

13 X 수요표출 메커니즘은 수요를 자발적으로 표출하게 하여 최적 공공재 수량을 도출하여 공공재가 과소 공급되지 않게 하기 위한 수단이다.

14 클라크 조세는 개인들이 공공재에 대한 선호를 자발적으로 나타내도록 유인하는 수요표출 메커니즘의 일종이다. (O, ×)

15 클라크 조세하에서 한 개인에게 부과되는 조세의 크기는 그가 시현한 수요와는 무관하게 결정된다. (O, ×)

16 한 개인이 자신의 수요를 축소하여 시현하는 경우 자신의 진실된 수요 수준에 비해서 더 많은 공공재가 공급된다. (O, ×)

17 클라크-그로브즈 조세를 부과할 경우, 우월전략은 공공재 소비자가 자신의 진정한 선호를 표출하는 것이다. (O, ×)

18 클라크 조세에서 담합이나 전략적 행동에 의한 선호의 왜곡은 이 메커니즘을 무력하게 만들 수 있다. (O, ×)

19 수요표출 메커니즘에서는 유인제도를 통해 조달된 조세수입이 공공재 공급비용을 초과할 수도 있다. (O, ×)

20 수요표출 메커니즘에서 클라크 조세는 중립세(lump-sum tax)의 성격을 지닌다. (O, ×)

21 수요표출 메커니즘에서는 진정한 선호를 표명할 때 자신의 순이득이 가장 커진다. (O, ×)

정답 및 해설

14 O

15 O

16 X 수요를 축소하여 시현하면 공공재 또한 과소 공급된다.

17 O

18 O 담합이나 전략적 행동에 의해 선호가 왜곡되면 진정한 수요가 표출되지 않기 때문이다.

19 O

20 O

21 O

22 클라크세(Clarke tax)는 공공재 수요자의 진정한 선호를 끌어내기 위한 제도로서 이 방법으로 공공재 공급비용을 조달할 경우 균형예산이 보장된다. (○, ×)

23 허비쯔의 불가능성 정리는 우월전략, 파레토 효율성, 균형재정을 달성하는 수요표출 매커니즘은 없다는 것을 의미한다. (○, ×)

24 공동의 목초지에 갑과 을이 각각 100마리의 양을 방목하기로 합의하면 갑과 을의 이득은 각각 10원이다. 두 사람 모두 합의를 어겨 100마리 이상을 방목하면 갑과 을의 이득은 각각 0원이다. 만약 한 명이 합의를 지키고 다른 한 명이 합의를 어기면 어긴 사람의 이득은 11원, 합의를 지킨 사람의 이득은 −1원이다. 이러한 게임적 상황에서 정부가 합의를 어긴 사람에게 2원의 과태료를 부과할 때 두 사람은 모두 합의를 지키지 않을 것이다. (○, ×)

정답 및 해설

22 X 균형예산이 보장되지 않는다.

23 O

24 X 정부가 과태료를 부과하기 전과 후의 보수행렬을 만들어 보면 아래의 표와 같다.

갑 \ 을	합의 지킴	합의 어김
합의 지킴	(10, 10) ➜ 부과 후 (10, 10)	(−1, 11) ➜ 부과 후 (−1, 9)
합의 어김	(11, −1) ➜ 부과 후 (9, −1)	(0, 0) ➜ 부과 후 (−2, −2)

정부가 과태료를 부과하지 않는 경우에는 각자의 우월전략은 모두 합의 어김이므로 (어김, 어김)이 우월전략균형이 된다. 정부가 합의를 어긴 사람에게 2원씩 과태료를 부과하면 두 사람의 우월전략은 모두 합의 지킴으로 바뀌게 되므로 (지킴, 지킴)이 우월전략균형이 된다. 그러므로 정부가 합의를 어긴 사람에게 2원의 과태료를 부과하면 두 사람 모두 합의를 지키게 된다.

Topic 12 뷰캐넌의 클럽 이론

가정	① 정체공공재의 규모가 주어져 있음 ② 클럽에 가입한 개인들의 선호는 모두 동질적임 ③ 공공재의 비용은 모든 개인이 동일하게 부담함
결론	① 클럽의 적정 규모와 적정 이용자 수를 편익과 비용을 고려하여 도출 가능 ② 시장을 통해서도 효율적으로 공급 가능함

Topic 12 핵심정리 O/X

01 클럽재는 부분적으로 경합성의 성질을 가져 혼잡을 발생시키는 재화나 서비스이다. (O, X)

02 클럽재는 배제성 적용이 불가능하다. (O, X)

03 클럽재의 경우, 회원 수 증가에 따른 편익변화만 제대로 도출할 수 있다면, 이론적으로는 적정 회원 수의 산정이 가능하다. (O, X)

04 이용자 수가 많아지면 각 개인이 부담해야 할 비용은 지속적으로 감소한다. (O, X)

05 클럽 규모가 주어져 있을 때 이용자 수가 일정 수준을 넘어서면 총편익이 감소한다. (O, X)

06 클럽에 가입하는 각 개인의 선호는 동일한 것으로 가정한다. (O, X)

07 클럽 규모가 주어져 있을 때 최적 이용자 수는 기존 이용자 전체의 한계정체비용과 기존 이용자 전체의 비용절감분이 같아지는 점에서 결정된다. (O, X)

정답 및 해설

01 O

02 X 클럽재는 비용을 지불하므로 배제성 적용이 가능하다.

03 X 클럽재의 경우, 회원 수 증가에 따른 편익변화뿐만 아니라 비용변화를 제대로 계산할 수 있어야 한다. 이 둘이 반영된다면 이론적으로는 적정 회원 수의 산정이 가능하다.

04 O

05 O

06 O

07 O

08 클럽 규모가 주어져 있다면 적정 이용자 수는 $\sum MRS = MRT$인 수준에서 결정된다. (○, ×)

09 소비가 경합적이더라도 배제가 가능하다면 적정 공급이 이루어질 수 있음을 보여준다. (○, ×)

10 클럽재의 경우는 회원 수가 증가함에 따른 편익과 비용의 변화를 통하여 적정 회원 수를 산정하는 것이 이론적으로 가능하다. (○, ×)

11 클럽재는 혼합재(congestion goods)의 일종으로 파레토 효율조건은 회원 수와 적정 시설 규모 중의 하나만 반영해야 한다. (○, ×)

12 정체공공재란 사적 재화와 순수공공재의 중간형태로 추가적인 소비에 의한 한계비용이 0보다 크다. (○, ×)

13 뷰캐넌의 클럽 이론은 클럽을 구성하는 모든 소비자의 재화에 대한 이용형태가 모두 상이하다는 것을 전제로 한다. (○, ×)

14 헬스클럽, 골프클럽 등 클럽재는 정체공공재의 일종으로 파레토 효율조건은 적정 회원 수와 적정 시설 규모를 동시에 반영해야 한다. (○, ×)

15 클럽재는 비경합성이 있으면서 비배제성을 가지지 않는 대표적 재화이다. (○, ×)

16 클럽재는 시장을 통해서는 효율적으로 공급될 수 없다. (○, ×)

정답 및 해설

08 X 이용자 수가 주어져 있을 때 $\sum MRS = MRT$인 수준에서 적정 규모를 구할 수 있다.

09 O

10 O

11 X 클럽재는 혼합재의 일종으로 파레토 효율조건은 회원 수와 적정 시설 규모 둘 다 반영해야 한다.

12 O 정체공공재는 경합성이 있다는 말과 같다.

13 X 클럽을 구성하는 모든 소비자의 재화에 대한 이용형태가 모두 같다는 것이 전제된다.

14 O

15 X 클럽재는 일정 수준까지는 비경합성이다가 일정 수준을 지나면 경합성이 생긴다.

16 X 몇 가지 조건이 충족된다면 효율적으로 공급 가능하다.

제3장

공공선택 이론

제 3 장 공공선택 이론

Topic 13 투표제도

최적 다수결제	의사결정비용과 외부비용의 합이 최소인 가결률을 구하는 것
투표의 역설	① 개인적 이행성이 사회적 이행성으로 연결되지 않는 것 ② 콩도세 방식을 이용한 다수결 투표 시 발생 ③ 1차원적일 경우 다봉선호일 때 발생 ④ 2차원 이상일 경우는 단봉선호일 때도 발생 가능 ⑤ 투표의 역설이 발생하면 중위투표자 이론이 성립하지 않음 ⑥ 의사 진행조작 발생 가능성
투표거래	① 다수의 대안이 존재할 때 자신이 가장 선호하는 대안이 선택되도록 하는 전략적 행동 ② 사회후생은 증가할 수도 있고 감소할 수도 있으나 반드시 공공재 공급량은 증가함
선호의 강도 반영	점수 투표제, 보다 투표제, 투표거래

Topic 13 핵심정리 O/X

01 최적 다수결제의 경우 의사결정비용은 의결에 필요한 표수가 클수록 커진다. (O, X)

02 최적 다수결제는 의사결정비용과 외부비용을 합한 총비용이 최저로 되는 수준의 찬성비율을 공공선택의 기준으로 정하는 방식이다. (O, X)

03 최적 다수결제도란 과반수제도하에서 의사결정비용과 결과승복비용이 일치하는 수준을 찬성비율로 결정하는 제도이다. (O, X)

정답 및 해설

01 O

02 O

03 X 결과승복비용이 외부비용이다. 일치하는 수준이 아닌 의사결정비용과 외부비용의 합이 최저가 되는 수준을 찬성비율로 결정한다.

04 린달(E. Lindahl) 모형은 전원합의제에 의한 공공재 배분의 가능성을 보여준 사례이다. (O, X)

05 과반수제가 갖는 문제점으로는 투표의 역설이 있다. (O, X)

06 모두가 찬성해야 하는 만장일치제하의 공공선택의 결과는 파레토 효율적이 아니다. (O, X)

07 다수결 투표가 가지는 문제점 가운데 하나는 투표자가 해당 사안에 대한 선호의 강도를 나타낼 수 없다는 점이다. (O, X)

08 다수결 투표제도에서는 소수파의 이익이 침해되는 사례가 있을 수 있다. (O, X)

09 투표의 역설이란 정책 비교의 순서가 달라짐에 따라 동일한 정책에 대한 표결의 결과가 달라지는 현상을 의미한다. (O, X)

10 투표의 역설에서는 사회적 선호가 개인들의 이행성을 만족시키지 못한다. (O, X)

11 다수결 투표는 의사 진행조작(agenda manipulation)에 문제가 발생할 수 있다. (O, X)

12 투표의 역설이란 집단적 선호의 이행성(일관성)이 충족되지 않는 현상을 말한다. (O, X)

13 두 안건 가운데 하나를 선택하는 경우에는 투표의 역설이 발생하지 않는다. (O, X)

14 모든 투표자들이 단일정점(single-peaked)의 선호를 갖게 되면 투표의 역설은 발생하지 않는다. (O, X)

정답 및 해설

04 O 린달 모형은 준 시장적 모형으로서 공공재의 수요와 공급에 의해 공공재의 수량과 부담비율이 결정된다는 것이다. 최적 수준의 결정은 사람들의 합의에 의해 이루어지므로 린달 모형은 전원합의제에 의한 공공재 배분의 가능성을 보여준 사례이다.

05 O

06 X 만장일치제하의 공공선택의 결과는 파레토 효율적이다.

07 O

08 O

09 O

10 O

11 O 다수결 투표는 투표의 역설에 의해, 투표 순서에 따라 결과가 달라지기 때문이다.

12 O

13 O 이행성은 세 가지 이상의 안건을 비교할 때 의미가 있기 때문이다.

14 X 정확하게 말하면 1차원 의제하에서라는 조건이 붙어야 한다.

15 2차원 이상의 선택인 경우에도 모든 사람이 단봉선호를 갖고 있다면 투표의 역설은 발생하지 않는다. (O, X)

16 투표의 역설이 발생할 경우 중위투표자 정리가 성립하지 않는다. (O, X)

17 중위투표자 정리는 모든 투표자의 선호가 단일정점 선호라면 다수결 투표의 결과는 중위투표자의 선호를 반영하게 된다는 것이다. (O, X)

18 투표거래는 소수자를 보호할 수 있다. (O, X)

19 투표거래는 공공재 공급으로 사회구성원의 편익을 높이는 결과를 낳을 수 없다. (O, X)

20 각 이슈에 따른 개인들의 순편익이 알려져 있을 때 투표거래(logrolling)를 인정한다면 인정하지 않는 경우에 비해서 항상 사회 전체의 총편익이 높아진다. (O, X)

21 투표거래 시 재정지출 규모가 억제되는 효과가 있다. (O, X)

22 다수결 투표제하에서 중위투표자 정리가 성립한다면 의사 진행조작이 발생할 가능성이 있다. (O, X)

23 모든 개인의 선호가 단봉형이면 다수결 투표제도하에서 투표 순서에 따라 최종적으로 선택되는 대안이 바뀌는 현상은 나타나지 않는다. (O, X)

24 만장일치제하에서는 현재 상태(status quo)가 다른 대안에 비해 항상 불리하다. (O, X)

정답 및 해설

15 X 2차원 이상의 의제하에서는 사회구성원이 모두 단봉형 선호여도 투표의 역설이 발생할 수 있다.

16 O 중위투표자 정리는 모든 투표자의 선호가 단봉형일 경우에만 일어난다. 투표의 역설은 선호가 다봉형일 때 일어나므로 중위투표자 정리와 투표의 역설은 함께 일어날 수 없다.

17 O

18 O 투표거래는 소수의 의견을 강조하고 선호의 강도를 반영하기 위해 일어난다.

19 X 사회적 편익은 증가할 수도 있고 감소할 수도 있다.

20 X 총편익은 높아질 수도 낮아질 수도 있다.

21 X 투표거래가 일어나면 공공재의 공급은 항상 증가한다.

22 X 의사 진행조작은 투표의 역설과 관련된다. 중위투표자 정리가 성립하면 투표의 역설이 발생하지 않는다.

23 X 2차원적 이상의 문제에서는 투표의 역설이 발생할 수 있다.

24 X 현재 상태가 항상 유리하다.

25 전략적 행동이 없을 경우, 선택대상에 대한 선호의 강도를 가장 잘 반영하는 것은 점수 투표제이다. (O, X)

26 점수 투표제에서 투표거래(logrolling)가 발생하면 선호의 강도가 반영될 수 없다. (O, X)

27 점수 투표제에서는 가장 큰 점수를 얻은 대안이 선택되므로 전략적인 행동이 발생할 가능성이 적다. (O, X)

28 점수 투표제는 투표자의 선호를 점수로 나타내므로 애로우가 제시한 공리 중 독립성을 위배한다. (O, X)

29 다수결 투표제도에서 일부 투표자의 선호가 다봉형이면 반드시 투표의 역설이 발생한다. (O, X)

30 다수결 투표제도에서 모든 투표자의 선호가 단봉형이면 다수결 투표를 통해 결정된 공공재의 공급 수준은 사회적인 최적 수준과 일치한다. (O, X)

31 다수결 투표제도에서 중위투표자 정리가 성립하는 경우는 중위투표자가 독재자가 되는 것과 마찬가지이다. (O, X)

32 다수결 투표제도에서 투표거래가 이루어지면 공공재 공급량이 사회적인 최적 수준을 초과하며, 투표거래가 없을 때보다 사회후생이 증가한다. (O, X)

33 다수결 투표제도에서 중위투표자 정리가 성립하는 경우에도 투표 순서에 따라 최종적으로 선택되는 대안이 달라지게 된다. (O, X)

정답 및 해설

25 O

26 X 점수 투표제, 보다 투표제, 투표거래는 대표적으로 선호의 강도를 반영할 수 있는 방법이다.

27 X 점수 투표제에서는 전략적 행동인 투표거래가 나타날 가능성이 높다.

28 O

29 X 어떤 안을 선택하는 것은 투표의 역설이 발생하지 않는다.

30 X 반드시 일치한다는 보장이 없다.

31 O

32 X 사회후생은 증가할 수도 있고 감소할 수도 있다.

33 X 중위투표자 정리가 성립하면 최종적으로 선택되는 대안이 달라지지 않는다.

34 다음 표의 투표결과는 투표의 역설이 발생한다. (○, ×)

구분	A	B	C
1순위	x	y	z
2순위	y	z	x
3순위	z	x	y

35 중위투표자 정리는 양당제를 운영하고 있는 국가에서 정치적 성향이 대치되는 두 정당의 선거 공약이 차별화되는 것과 관련이 있다. (○, ×)

36 선호가 모든 투표자 선호의 한 가운데 있는 사람을 중위투표자라 한다. (○, ×)

37 중위투표자 정리에 의한 정치적 균형이 항상 파레토 효율성을 가져오는 것은 아니다. (○, ×)

38 중위투표자 정리는 투표자의 선호가 다봉형이 아닌 단봉형일 때 성립 가능하다. (○, ×)

39 중위투표자 정리에서는 가장 많은 국민들의 지지를 확보하려는 정치가는 중위투표자의 지지를 얻어야 하는 것으로 해석할 수 있다. (○, ×)

정답 및 해설

34 O

35 X 중위투표자 정리는 중위투표자가 원하는 것이 결정되는 것이므로 양당제를 운영하고 있는 국가에서 정치적 성향이 대치되는 두 정당의 선거 공약이 유사해지는 것과 관련이 있다.

36 O

37 O

38 O

39 O

Topic 14 정치가 관료 모형

다운스의 득표 극대화 모형	정치가 모형으로 과소 생산
니스카넨 모형	관료의 예산 극대화 모형으로 순편익이 0인 수준까지 과다 생산
미그 - 빌레인저 모형	관료의 효용 극대화 모형으로 니스카넨 모형보다는 적지만 최적 수준보다 과다 생산
로머 - 로젠탈 모형	관료가 제안한 예산안이 부결되어 지출 규모가 회복 수준으로 결정되면 효용 수준이 낮아지므로 이를 회피하기 위하여 상당히 높은 수준의 공공지출을 수용하게 됨

Topic 14 핵심정리 O/X

01 다운스(A. Downs)는 조세는 적게 납부하면서도 보다 많은 공공서비스를 원하는 '투표자의 무지' 때문에 공공재의 공급은 과다하게 된다고 주장하였다. (O, X)

02 다운스의 득표 극대화 모형에서 정치가는 정부의 경제활동에 따른 순편익을 극대화하려 한다. (O, X)

03 니스카넨(W. Niskanen) 모형에서 관료는 사회적 최적 수준보다 과다한 생산 수준을 선택한다. (O, X)

04 니스카넨 모형의 생산 수준은 미그 - 빌레인저(Migue - Belanger) 모형에서 제시한 수준보다 더 적다. (O, X)

05 니스카넨 모형은 관료제에 대응하는 방안으로 민간부문에 생산을 맡기고 정부는 비용만 부담하는 방법을 제안했다. (O, X)

정답 및 해설

01 X '투표자의 무지' 때문에 공공재의 공급이 과소하게 된다고 주장하였다.
02 X 득표를 극대화하려 한다.
03 O
04 X 생산 수준이 미그 - 빌레인저 모형에서 제시한 수준보다 더 많다.
05 O

06 니스카넨(W. Niskanen) 모형에서 관료가 선택한 생산 수준에서는 사회적 잉여가 영(0)이다. (○, ×)

07 니스카넨 모형에서 관료는 예산 극대화를 추구하며, 총편익과 총비용이 일치하는 수준에서 생산 수준을 결정한다. (○, ×)

08 니스카넨 모형에서 관료제 조직은 가격 순응자와 같이 행동한다. (○, ×)

09 니스카넨 모형과 미그 - 빌레인저 모형에서는 공익추구를 기본가정으로 한다. (○, ×)

10 니스카넨 모형으로 관료는 예산의 한계편익과 한계비용이 일치하는 수준까지 예산 규모를 늘린다. (○, ×)

11 다른 조건이 모두 동일할 때, 니스카넨 모형에 따른 공공재의 초과 공급은 미그 - 빌레인저 모형에 따를 때의 초과 공급보다 적다. (○, ×)

12 니스카넨 모형에서 관료제에 대응하는 방안으로 생산과 공급활동은 민간기업에 맡기고 정부는 비용만 부담하는 방법이 있다. (○, ×)

13 니스카넨 모형에서 관료들은 예산의 극대화를 추구하는 것으로 가정한다. (○, ×)

14 니스카넨 모형에서 관료는 득표 수 극대화를 추구한다는 기본가정을 채택하고 있다. (○, ×)

정답 및 해설

06 O

07 O

08 X 가격 결정자처럼 행동한다.

09 X 니스카넨 모형과 미그 - 빌레인저 모형에서는 관료들의 이익 극대화를 기본가정으로 한다.

10 X 니스카넨 모형으로 관료는 예산의 총편익과 총비용이 일치하는 수준까지 예산 규모를 늘린다.

11 X 다른 조건이 모두 동일할 때, 니스카넨 모형에 따른 공공재의 초과 공급은 미그 - 빌레인저 모형에 따를 때의 초과 공급보다 많다.

12 O

13 O

14 X 예산 극대화를 추구한다.

15 니스카넨 모형에서 기본적으로 부패에 물들기 쉽다는 점을 강조하고 있다. (○, ×)

16 니스카넨 모형에서 관료가 목표로 하는 생산 수준에서는 사회적 잉여가 완전히 소멸되어 사회적 순편익이 0이 된다. (○, ×)

17 니스카넨 모형에서 관료들은 능력을 인정받기 위해서 국민들의 후생 수준 극대화를 위해 노력하는 경향이 있다. (○, ×)

18 니스카넨 모형에서 정치가는 관료들이 제안한 예산 규모가 득표 극대화에 부합하는지의 여부로 예산안 채택 여부를 결정한다. (○, ×)

19 니스카넨 모형에서 관료들은 공공재 공급에 따른 순편익이 최대가 되는 수준까지 공공재를 공급하는 경향이 있다. (○, ×)

20 니스카넨 모형에서 관료들은 제1급 가격차별을 하는 독점기업과 비슷하게 행동하는 경향이 있음을 보여준다. (○, ×)

21 미그 – 빌레인저(Migue – Belanger) 모형에서 공공서비스 생산은 니스카넨 모형보다 더 적다. (○, ×)

22 로머 – 로젠탈(Romer – Rosenthal) 모형에서 관료들이 원하는 예산 수준을 달성하는 방법은 대안으로 제시되는 회복 수준을 투표자의 잉여가 매우 낮은 수준으로 설정하는 것이다. (○, ×)

정답 및 해설

15 X 부패와는 관련이 없다.
16 O 총편익 = 총비용
17 X 예산 극대화를 추구한다.
18 X 득표 극대화는 다운스의 견해이다.
19 X 순편익이 0인 수준까지 공공재를 공급한다.
20 O
21 O
22 O

23 갈브레이스는 표 획득을 위한 정치가의 선전 등의 영향으로 공공재가 필요 이상으로 과다 공급되는 경향이 있다고 주장한다. (O, X)

24 뷰캐넌(J. Buchanan)은 대의민주주의체제가 본질적으로 정부부문의 과도한 팽창을 유발하는 속성을 갖고 있다는 리바이어던 가설(Leviathan hypothesis)을 제시하였다. (O, X)

25 다수결 투표제도는 공공재의 과다 공급 원인이다. (O, X)

26 정치적 결탁(logrolling)은 공공재의 과다 공급 원인이다. (O, X)

27 다운즈(A. Downs)의 투표자의 무지는 공공재의 과다 공급 원인이다. (O, X)

28 갤브레이드(J. K. Galbraith)의 의존효과는 공공재의 과다 공급 원인이다. (O, X)

29 공공서비스의 수요곡선은 $P = 16 - \frac{1}{2}Q$이고 이를 공급하는 데 소요되는 한계비용은 12로 일정할 때, 이를 독점적으로 공급하는 관료가 효율적인 서비스를 제공하기보다는 자신이 속한 조직 규모 극대화를 추구하고 있다. 이런 경우 관료의 공공서비스 규모는 8이다(단, P는 공공서비스의 가격, Q는 공공서비스의 규모이다). (O, X)

정답 및 해설

23 X 갈브레이스는 고도로 발달된 산업사회에서 민간기업들이 행하는 광고나 선전 등의 영향으로 소비자들의 선호가 공공재보다는 상대적으로 민간재에 쏠리게 된다고 주장하였다.

24 O

25 O

26 O

27 X 다운즈의 투표자의 무지는 적은 조세를 공약으로 적은 공공재를 공급하겠다는 것으로 과소 생산의 원인이 된다.

28 X 갤브레이드의 의존효과는 광고에 의해 사적재가 많이 생산되므로 공공재의 과소 공급의 원인이 된다.

29 X 1) 자신이 속한 조직의 극대화를 추구한다면 MR = 0인 수준까지 생산할 것이다.

2) $P = 16 - \frac{1}{2}Q$ → $MR = 16 - Q$이므로 $16 - Q = 0$ → $Q = 16$이다.

3) 따라서 공공서비스의 규모는 16이다.

제4장

공공경비와 예산제도

제 4 장 공공경비와 예산제도

Topic 15 공공경비와 예산제도

01 총수요

의미	정부지출 = 공공경비
총수요	$AD = C + I + G + (X - M)$
승수 (폐쇄경제, 정액세만 존재)	• 정부지출승수: $\frac{dY}{dG} = \frac{1}{1-c}$ • 조세승수: $\frac{dY}{dT} = \frac{-c}{1-c}$ • 투자승수: $\frac{dY}{dI} = \frac{1}{1-c}$ (투자승수 = 정부지출승수) • 균형재정승수: $\frac{dY}{dG} + \frac{dY}{dT} = \frac{1-c}{1-c} = 1$ (단, 폐쇄경제 시 $C = C_o + c(Y - T)$, $I = I_o$이고, $O < c(= MPC) < 1$, $T = T_o$이다)

02 공공경비팽창에 관한 학설

거시적 설명	바그너, 전위효과론, 경제발전 이론
미시적 설명	중위투표자, 공공부문의 낮은 생산성, 철의 삼각형, 재정착각
바그너	1인당 국민소득이 증가할 때 민간경제에서 차지하는 공공부문의 상대적 크기가 증대하는 현상
전위효과론(피콕 – 와이즈만)	국가의 위기상황에 재정지출이 증가하는 현상
경제발전 이론 (머스그레이브 – 로스토우)	**경제발전 초기**: 사회간접자본 형성 ➜ **경제발전 중기**: 민간투자를 보완하기 위한 공공투자의 필요성 증대 ➜ **경제발전 후기**: 복지서비스, 소득보장 등을 위한 공공지출의 증대
브라운 – 잭슨	중위투표자의 공공서비스에 대한 수요의 소득탄력성이 1보다 큰 경우 중위투표자의 소득이 증가할 때 공공서비스의 수요는 급속도로 증가
보몰	노동집약적인 공공부문의 생산성이 떨어지기 때문에 발생

03 예산제도

복식예산제도	경상지출은 조세, 자본적 지출은 공채 발행 등으로 충당
성과주의예산제도	① 각 사업의 예산액 = 업무량 × 단위원가 ② 관리기능을 강조
계획예산제도	① 장기적인 계획수립과 단기적인 예산편성의 유기적 결합을 추구하는 예산제도 ② 계획기능 강조, 하향식 의사결정과정 반영

영기준예산제도	① 전년도 예산은 완전히 무시하고 모든 사업을 원점에서 재평가하는 방식으로 매년 새로이 예산을 편성하는 제도로 점증주의 탈피가 목적임 ② 추진 중인 사업의 지속적 평가, 중하위관리자를 예산과정에 참여시킴으로써 효율성 높아짐
조세지출예산제도	① 조세지출의 남발을 억제하기 위해 도입 ② **조세지출**: 개인이나 기업의 특정 경제활동을 장려하기 위하여 비과세, 감면 등의 세제상의 유인을 제공함에 따라 포기된 세수 ③ 비과세, 세액공제, 법인세, 특별감가상각 등이 조세지출에 해당

Topic 15 핵심정리 O/X

01 정부지출이 100만큼 증가할 경우 국민소득은 100보다 더 많이 증가한다. (O, X)

02 조세를 100만큼 경감해 줄 경우가 정부지출을 100만큼 증가시킬 경우에 비해 국민소득을 더 적게 증가시킨다. (O, X)

03 정부재정의 건전성을 확보하기 위해서 정부지출 증가액을 조세수입 증가액과 일치시킨다면 국민소득은 증가하지 않는다. (O, X)

04 노후준비 등으로 민간부문의 한계소비성향이 감소할 경우 정부지출이 유발하는 국민소득 증가분은 줄어든다. (O, X)

05 기업투자나 정부지출이 각각 100만큼 증가할 경우, 국민소득에 미치는 효과는 같다. (O, X)

06 정부가 가계의 세금부담을 1,000억원 징수하는 정책과 정부지출을 1,000억원 증가시키는 정책을 고려하고 있다. 정부가 각 정책을 실시할 경우 균형국민소득은 1,000억원 증가한다(단, 구축효과는 없고, 한계소비성향은 0.8이다). (O, X)

공공경비와 예산제도

제4장

해커스 서호성 재정학 FINAL

정답 및 해설

01 O

02 O

03 X 균형재정승수는 1이다. 정부지출을 100억원 늘리고 조세를 100억원 징수하면 국민소득이 100억원 증가한다.

04 O

05 O

06 O

07 폐쇄경제, 정액세만 존재할 경우 균형재정승수는 1이다. (O, X)

08 정부지출의 효과가 조세감면의 효과보다 작다. (O, X)

09 1인당 국민소득이 증가할 때 국민경제에서 차지하는 정부지출 규모의 상대적 크기가 커지는 현상은 바그너 법칙에 부합한다. (O, X)

10 피콕 – 와이즈만은 위기 상황이 몇 차례 반복됨에 따라 정부지출은 점차 더 증가하나, 혼란기가 지난 후에도 정부지출의 상대적 비중은 이전 수준으로 회복하지 못하고 일단 높아진 수준에서 지속적으로 증가하는 현상이 나타난다고 설명하였다. (O, X)

11 대의민주주의하에서 중위투표자의 공공서비스 수요의 소득탄력성이 1보다 크면 경비가 팽창한다. (O, X)

12 바그너는 정부가 수행해야 할 일이 지속적으로 증가하였기 때문에 경비가 팽창한다고 설명한다. (O, X)

13 보몰에 의하면 경비가 팽창하는 것은 공공서비스 수요 측 요인 때문이다. (O, X)

14 뷰캐넌에 의하면 대의민주주의의 속성으로 인해 정부지출의 크기가 증가하는 경향이 있다. (O, X)

15 피콕 – 와이즈만의 설명에 의하면 경비팽창은 급격한 사회적인 혼란으로 인해 발생한다. (O, X)

16 피콕 – 와이즈만의 설명에 의하면 사회적 변혁기에는 사람들이 용인할 수 있는 세금부담 수준이 증가한다. (O, X)

정답 및 해설

07 O

08 X 정부지출의 효과가 조세감면의 효과보다 크다.

09 O

10 O

11 O

12 O

13 X 공공서비스의 수요 측 요인이 아니라 공급 측 요인 때문에 경비가 팽창한다.

14 O

15 O

16 O

17 브라운-잭슨은 바그너 법칙을 중위투표자 선택과 결부시켜 설명하며, (복지를 비롯한) 공공서비스에 대한 수요의 소득탄력성이 충분히 크면(소득 증가율에 비해 공공재에 대한 수요가 더 빠른 속도로 증가한다면 / 탄력적이면) 정부지출의 상대적 비중이 커진다고 보았다. (O, ×)

18 정부가 공급해야 하는 재화나 서비스는 수요의 가격탄력성이 크다. (O, ×)

19 보몰은 정부부문의 규모가 확대되는 이유로 정부부문의 생산성이 향상됨에 따라 확대재정정책을 추구하려는 욕구가 강하기 때문으로 보았다. (O, ×)

20 보몰은 정부부문의 규모가 확대되는 이유로 기술혁신에 따른 생산비 절감효과 측면에서 공공재가 민간재에 비해 뒤떨어지기 때문으로 보았다. (O, ×)

21 뷰캐넌은 대의민주주의체계가 본질적으로 정부부문의 과도한 팽창을 유발하는 속성을 가지고 있다는 리바이어던 가설을 제시하였다. (O, ×)

22 조세지출예산제도는 조세지출의 남발을 억제하기 위해 도입된 제도이다. (O, ×)

23 브라운-잭슨(C. Brown & P. Jackson)은 바그너(A. Wagner)의 법칙을 중위투표자의 선택과 결부시켜 설명하였다. (O, ×)

24 보몰(W. Baumol)은 사회적 격변기에 전위효과(displacement effect)의 영향으로 정부지출이 팽창된다고 보았다. (O, ×)

정답 및 해설

17 O 공공서비스에 대한 수요의 탄력성이 1보다 크면 국민소득이 증가할 때 공공부문의 비중은 더 커진다.

18 X 필수재이므로 수요의 가격탄력성이 작다.

19 X 정부부문의 생산성은 변화 없이 임금만 상승한다.

20 O 상대적으로 공공부문은 민간부문보다 노동집약적이고, 민간부문의 생산성 향상으로 임금이 증가하면 생산성이 향상되지 않은 공공부문의 임금도 오르게 된다. 이러한 측면에서 공공경비가 팽창하게 된다.

21 O

22 O

23 O

24 X 보몰은 노동집약적인 공공부문이 민간부문보다 생산성 향상이 느리기 때문에 정부지출이 팽창된다고 주장하였다.

25 피코크 – 와이즈만(A. Peacock & J. Wiseman)은 노동집약적인 공공부문이 민간부문보다 생산성 향상이 느리기 때문에 정부지출이 팽창된다고 주장하였다. (O, X)

26 부캐넌(J. Buchanan)은 정부지출의 편익이 간접적으로 인식되는 반면, 공공서비스의 공급비용은 과대평가되므로 정부지출이 팽창된다고 설명하였다. (O, X)

27 바그너의 법칙은 1인당 국민소득 하락 국면에서 공공부문의 상대적 크기가 증가하는 것을 말한다. (O, X)

28 법인세 특별감가상각제도는 조세지출의 예이다. (O, X)

29 남북협력기업에 대한 보조금 지급은 조세지출에 해당한다. (O, X)

30 공익단체에 대한 기부행위에 소득공제를 허용하는 것은 조세지출의 예이다. (O, X)

31 투자세액공제는 조세지출에 해당한다. (O, X)

32 영기준예산제도는 점증주의 예산에서 탈피하여 효율적 자원배분을 제고할 수 있는 제도이다. (O, X)

33 각 기관의 지출항목별로 예산을 편성하는 방식을 품목별 예산제도라고 부른다. 품목별 예산제도는 유사한 일을 하는 부서 간에 예산편중 중복을 차단하기 쉽지 않다. (O, X)

정답 및 해설

25 X 피코크 – 와이즈만은 사회적 격변기에 전위효과의 영향으로 정부지출이 팽창된다고 보았다.

26 X 부캐넌은 공공재를 무상으로 공급받기를 원하는 일반 대중들이 더 큰 정부지출에 적극적으로 반대하지 않기 때문에 적자재정 등으로 정부부문이 과도하게 팽창된 현대판 리바이어던(국가라는 괴물)이 출연하게 되었다고 주장한다.

27 X 바그너의 법칙은 1인당 국민소득 상승 국면에서 공공부문의 상대적 크기가 증가하는 것을 말한다.

28 O

29 X 조세지출은 감추어진 보조금으로 공제, 감면 등이 해당한다. 직접적 보조금 지급은 조세지출에 해당하지 않는다.

30 O

31 O

32 O

33 O

34 영기준예산제도는 비슷한 기능을 가진 부서들이 하는 업무를 하나로 묶어 소요예산을 절감하는 방식을 따르며, 우리나라는 2007년부터 도입하여 운영하고 있다. (○, ×)

35 성과주의예산제도는 관리기능을 강조한 제도이다. (○, ×)

36 프로그램예산제도는 계획기능을 강조한 제도이다. (○, ×)

37 영기준예산제도는 점증주의적 예산을 탈피하여 효율적 자원배분을 제고할 수 있는 제도이다. (○, ×)

38 성과주의예산제도는 예산의 과목을 부서별로 나누어 편성하는 제도이다. (○, ×)

39 정부에 의해 도로, 항만 등과 같은 사회간접자본에 대한 투자가 이루어지더라도 세율 인상이 크게 이루어지지 않는 예산편성방식은 복식예산제도이다. (○, ×)

정답 및 해설

34 X 프로그램예산제도에 대한 설명이다.

35 O

36 O

37 O

38 X 사업별로 나누어 편성하는 제도이다.

39 O

제5장

비용편익분석

제 5 장 비용편익분석

Topic 16 순현재가치법, 내부수익률법, 편익비용비율법

순현재가치법	① 순편익의 현재가치의 합 ② NPV = PV − C ③ 단일안: NPV > 0일 때 채택 ④ 복수안: NPV가 최대인 것 채택
내부수익률법	① 공공사업을 실시할 때 순편익의 현재가치가 0이 되도록 하는 할인율로 n차 방정식의 해이며 공공투자안의 예상수익률을 의미함 단일안일 경우 m > r, 복수안일 경우 m이 최대인 것 채택 ② $(B_0 - C_0) + \frac{(B_1 - C_1)}{(1+m)} + \cdots\cdots\cdots + \frac{(B_n - C_n)}{(1+m)^n} = 0$ ③ 내부수익률이 존재하지 않거나 다수의 내부수익률이 존재할 가능성, 상호배타적인 사업의 선택에 사업 규모를 고려하지 못할 가능성, 편익의 흐름양상이 다른 경우 잘못된 결론에 도달할 가능성의 문제점이 있음
편익비용비율법	① 편익의 현재가치와 비용의 현재가치 간의 비율을 이용하여 투자안을 평가하는 방법 단일안일 경우, 1보다 큰 경우, 복수안일 경우 최대인 것 채택 ② $B/C\,ratio = \frac{PV_B}{PV_C}$ ③ 비용과 편익의 정의에 따른 우선순위 변화의 문제점 ④ 상호배타적인 사업의 선택에 있어서 사업 규모를 고려하지 못하는 문제점

Topic 16 핵심정리 O/X

01 비용편익분석에서는 파레토 기준을 충족한 투자계획만을 채택한다. (O, X)

02 비용편익분석은 공공부문의 투자계획 타당성 판정에만 적용된다. (O, X)

03 현재가치법에서 적용되는 할인율은 투자계획에 사용되는 자금의 기간당 기회비용과 일치하도록 선택되어야 한다. (O, X)

정답 및 해설

01 X 파레토 기준뿐 아니라 칼도 기준 등도 가능하다.

02 X 비용편익분석은 원칙적으로 민간부분의 타당성 판정에서 사용된 것이다.

03 O

04 현재가치법은 어떤 투자계획의 채택 가능성을 평가할 뿐이며, 투자계획들 간 우선순위를 결정하지는 못한다. (O, X)

05 내부수익률이 투자계획에 소요되는 자금의 기회비용인 할인율보다 크다면 그 투자계획은 기각된다. (O, X)

06 순현재가치법을 사용하면 프로젝트의 채택 여부나 순위에 관하여 모두 바른 결정을 할 수 있다. (O, X)

07 할인율이 높을수록 순현재가치가 더 커지는 경우도 나타날 수 있다. (O, X)

08 순현재가치법의 경우 사업 규모가 큰 사업이 불리하게 된다. (O, X)

09 편익/비용비율을 계산하는 데는 할인율에 관한 정보가 필요하지 않다. (O, X)

10 단일프로젝트의 채택 여부만을 결정하려면 순현재가치법이나 편익/비용비율법은 동일한 결과를 가져다준다. (O, X)

11 편익/비용비율법으로 투자안을 평가하면 순편익의 현재가치가 작은 투자안을 선택할 수도 있다. (O, X)

12 내부수익률은 순편익의 현재가치가 0이 되도록 하는 할인율을 말한다. (O, X)

정답 및 해설

04 X 현재가치법은 단일안일 경우 순현재가치가 0보다 클 때 어떤 투자계획의 채택 가능성을 평가하며, 복수안일 경우 순현재가치가 큰 순서로 투자계획들 간 우선순위를 결정한다.

05 X 내부수익률이 투자계획에 소요되는 자금의 기회비용인 할인율보다 크다면 그 투자계획은 채택된다.

06 O 순현재가치법을 사용하면 단일방안의 채택 여부를 고려하는 것 또는 두 가지 이상의 방안에 대하여 순위를 결정하는 것 모두가 가능하다. 순현재가치법은 가장 우월한 비용편익분석 방법이다.

07 O 편익이 먼저 발생하고 비용이 나중에 발생하면 할인율이 높아질수록 순현재가치가 더 커질 수 있다.

08 X 순현재가치법은 사업 규모를 반영할 뿐 유/불리한 정도와는 관계가 없다.

09 X 편익의 현재가치를 비용의 현재가치로 나누어 수치를 구한 후 그것이 1보다 큰지 작은지에 따라 사업의 타당성 여부를 구분하는 방법으로서 현재가치를 계산하는 과정에서 할인율을 필요로 한다.

10 O 단일사업에 대한 타당성을 검토하는 데 있어 내부수익률법, 순현재가치법, 편익/비용비율법은 동일한 결과가 나타난다.

11 O 편익/비용비율법은 사업의 규모를 고려하지 못하기 때문에 규모가 고려되는 순현재가치법의 결과와 달라질 수 있다. 예컨대 A방안의 편익이 60, 비용이 30이고, B방안의 편익이 600, 비용이 300인 경우 A방안과 B방안의 편익/비용비율법은 동일한 결과를 가져다준다. 하지만 순현재가치법은 A방안의 순편익의 현재가치는 30, B방안의 순편익의 현재가치는 300으로 차이가 난다.

12 O

13 내부수익률이 양(+)으로 나타나는 경우 사업의 타당성이 인정된다. (O, ×)

14 내부수익률을 이용하는 경우에 규모가 큰(작은) 투자사업이 언제나 우선순위가 높다고 나타난다. (O, ×)

15 내부수익률을 계산하는 경우에 시장할인율을 얼마로 결정하는가에 크게 의존한다. (O, ×)

16 어떤 한 대안의 내부수익률은 여러 개로 계산될 수 있다. (O, ×)

17 복수사업을 비교할 때(우선순위를 결정할 때) 내부수익률법과 순현재가치법은 같은 결과를 보이게 된다. (O, ×)

18 편익은 비용의 감소, 비용은 편익의 감소로 생각할 수도 있으므로 편익과 비용의 정의를 어떻게 내리느냐에 따라서 내부수익률 값이 달라질 수 있다. (O, ×)

19 내부수익률(internal rate of return)법은 투자액 한 단위당 수익률을 비교하기는 용이하나 사업별 총수익을 비교하는 데에는 유용하지 않다. (O, ×)

20 비교하고자 하는 사업이 서로 다른 기간구조를 가질 경우 내부수익률만을 기준으로 투자우선순위를 결정하는 것은 바람직하지 않다. (O, ×)

21 아래와 같은 비용과 편익이 발생하는 공공사업의 순편익의 현재가치는 200이다(단, 할인율은 10%이다). (O, ×)

구분	0기	1기	2기
비용	1,400	0	0
편익	0	550	1,210

정답 및 해설

13 X 내부수익률이 시장이자율보다 클 때 사업의 타당성이 인정된다.

14 X 내부수익률은 사업의 규모를 고려하지 못한다.

15 X 내부수익률을 구하는 데엔 시장할인율이 고려되지 않는다(시장할인율에 크게 의존하는 것은 순현재가치법이다).

16 O

17 X 복수사업을 비교할 때는 세 가지 비용편익분석 방법이 다 다른 결과를 가질 수 있다. 단일사업의 경우는 세 가지 방안 모두 같은 결과를 가진다.

18 X 편익/비용비율법의 단점이다.

19 O 사업별 총수익을 비교하는 데 유용하지 않다는 것은 사업 규모를 고려하지 못한다는 말과 같다.

20 O

21 X $NPV = -1,400 + \frac{550}{(1+0.1)} + \frac{1,210}{(1+0.1)^2} = -1,400 + 500 + 1,000 = 100$이다.

22 A기업은 ○○산업단지에 현재 시점에서 10억원의 투자비용이 일시에 소요되는 시설을 건축하기로 했다. 이 시설로부터 1년 후에는 10억원의 소득이 발생할 것으로 예상되고 2년 후에는 B기업이 20억원에 이 시설을 인수하기로 했다고 하자. 연간 이자율이 50%라면 A기업의 입장에서 해당 사업의 내부수익률은 100%이다. (O, X)

23 어떤 투자사업은 초기 투자비용이 500억원이고, 투자 다음 해부터 20년간 매년 20억원의 편익과 2억원의 비용이 발생한다고 한다. 사회적 할인율이 0%일 때, 이 사업에서 발생하는 순편익의 현재가치는 −100억원이다(단, 사업의 잔존가치는 0원이다). (O, X)

24 기간별 비용과 편익이 아래와 같을 때 공공사업의 순편익의 현재가치는 0이다(단, 할인율은 10%이다). (O, X)

구분	0기	1기	2기
비용	3,000	0	0
편익	0	1,100	2,420

정답 및 해설

22 O 내부수익률은 순편익의 현재가치가 0이 되는 할인율(m)이므로 아래의 식을 풀면 순편익의 현재가치를 계산할 수 있다.

$$NPV = -10 + \frac{10}{(1+m)} + \frac{20}{(1+m)^2} = 0$$

위의 식은 아래와 같이 정리되므로 m = −2 혹은 1로 계산된다.

$(1+m)^2 - (1+m) - 2 = 0$ ➔ $m^2 + m - 2 = 0$ ➔ $(m+2)(m-1) = 0$

내부수익률이 (−)가 될 수는 없으므로 적절한 내부수익률 값은 m = 1임을 알 수 있다.

23 X 사회적 할인율이 0이므로 순편익의 현재가치 NPV = −140억원으로 계산된다.

$$NPV = -500 + \frac{(20-2)}{(1+0)} + \frac{(20-2)}{(1+0)^2} + \cdots + \frac{(20-2)}{(1+0)^{20}}$$
$$= -500 + 18 \times 20$$
$$= -500 + 360 = -140$$

24 O 1) NPV = 순현재가치의 합

2) $-3{,}000 + \frac{1{,}100}{(1+0.1)} + \frac{2{,}420}{(1+0.1)^2} = 0$

Topic 17 비용과 편익의 측정, 적정 할인율

편익의 종류	금전적 편익과 실질적 편익 등 구분해야 함
잠재가격	정확한 잠재가격을 구할 수 없으므로 조정된 시장가격 사용
독점인 경우 (조세도 유사)	① 생산량 동일하고 소비량 감소 시 시장가격 사용 ② 생산량 증가 시 한계비용 사용 ③ 둘 다 발생하면 시장가격과 한계비용을 가중평균한 가격을 통해 기회비용 계산
통계적 생명의 가치	인적자본접근법, 지불의사접근법
환경의 가치	지불의사접근법, 회피행위접근법, 헤도닉가격접근법, 조건부평가법 등
사회적 할인율	① 민간투자에 준할 경우 투자자금은 세전수익률, 소비자금은 세후수익률 적용 ② 민간투자와 다른 방법을 사용하면 공공재 생산을 위해 사회적 할인율은 낮게 설정하는 것이 좋음
위험할인인자	① 확실성 등가 = 불확실한 편익 또는 비용 × 위험할인인자 ② 불확실한 편익은 그 값을 작게 만들어 주어야 하므로 위험할인인자는 1보다 작음 ③ 불확실한 위험은 그 값을 크게 만들어 주어야 하므로 위험할인인자는 1보다 큼

Topic 17 핵심정리 O/X

01 공공사업을 추진하는 행정주체는 내부적 편익과 외부적 편익 가운데 외부적 편익을 더 중시한다. (O, ×)

02 공공사업의 목표는 소득재분배, 총 소비 증대를 통한 국민의 후생증진에 국한된다. (O, ×)

03 공공사업에서 발생하는 금전적 편익은 사회 전체적인 후생을 증진시킨다. (O, ×)

04 공공사업의 유형적 편익과 무형적 편익을 비교하면 무형적 편익이 크다. (O, ×)

정답 및 해설

01 X 공공사업을 추진하는 행정주체는 내부적 편익과 외부적 편익 가운데 외부적 편익을 더 중시하지는 않는다.

02 X 공공사업의 목표는 소득재분배, 총 소비 증대를 통한 국민의 후생증진에 국한되지는 않는다. 정부의 3대 목표는 자원배분, 소득재분배, 경제안정화이다.

03 X 공공사업에서 발생하는 금전적 편익은 사회 전체적인 후생과 관련이 없다.

04 X 공공사업의 유형적 편익과 무형적 편익을 비교했을 때 무형적 편익이 크다고 단정지어 말할 수 없다.

05 공공사업은 이윤 이외의 목표 추구 등을 고려하므로 그 편익과 비용을 측정할 때 시장가격과 다른 척도의 적용이 필요하다. (O, X)

06 실질적 편익은 공공사업의 최종소비자가 얻는 편익으로, 사회후생 증가에 기여한다. (O, X)

07 화폐적 편익과 비용은 공공사업에 의해 야기되는 상대가격의 변화 때문에 발생하며, 사회 전체의 후생은 불변이다. (O, X)

08 무형적 비용은 외부불경제에 의해 발생한다. (O, X)

09 유형적 편익이 무형적 편익보다 작은 공공사업이 존재한다. (O, X)

10 무형적 편익과 비용은 시장에서 파악되지 않기 때문에 공공투자의 시행 여부를 판단함에 있어 고려하지 않아도 된다. (O, X)

11 공공사업에서 물품세가 부과된 상품을 사용하는 경우 공공사업 때문에 물품세가 부과된 상품의 생산량이 늘어나지 않는다면 한계비용을 평가 기준으로 사용할 수 있다. (O, X)

12 공공사업에서 물품세가 부과된 상품을 사용하는 경우 공공사업 때문에 물품세가 부과된 상품의 생산량이 늘어난다면 생산자가격(= 한계비용)을 평가 기준으로 사용할 수 있다. (O, X)

13 조세가 부과된 제품을 공공사업의 투입물로 사용하는 경우 투입물의 생산자가격이 아닌 소비자가격을 반드시 비용 계산에 사용하여야 한다. (O, X)

정답 및 해설

05 O

06 O

07 O

08 O

09 O

10 X 무형적 편익과 비용도 공공사업에 따라 사회가 얻는 이득과 사회가 부담하는 비용이므로 비용편익분석에서 모두 고려되어야 한다.

11 X 생산량이 늘어나지 않는다면 소비량이 감소한 것이므로 시장가격을 평가 기준으로 사용할 수 있다.

12 O 물품세가 부과된다는 것은 시장이 왜곡되었다는 것이다. 이 경우 생산량 증가는 한계비용 혹은 생산자가격을 평가 기준으로 사용할 수 있다.

13 X 상황에 따라 다르게 적용하여야 한다.

14 공공사업의 경우 불완전경쟁시장에서는 잠재가격이 적절한 평가 기준이 되지 못하므로 시장가격을 사용한다. (O, X)

15 공공사업에서 독점생산자가 생산한 제품을 중간투입요소로 사용하는 경우 독점제품의 생산이 공공사업 때문에 늘어나지 않는다면 시장가격을 평가 기준으로 사용할 수 있다. (O, X)

16 민간에 고용되었던 사람이 공공사업에 투입되었다면 민간에서의 임금률이 기회비용이 된다. (O, X)

17 환경의 가치를 설문조사나 주민들의 선호도조사를 통해 측정하는 방법을 조건부가치평가법(CVM)이라고 한다. (O, X)

18 위험을 회피하기 위해 어느 정도 지출을 감수할 용의가 있는지를 파악하는 편익산출법을 회피행위접근법이라고 한다. (O, X)

19 지불의사접근법은 환경의 질 악화로 인해 손해를 본다고 느끼는 사람들이 환경개선을 위해 지불할 용의가 있는 금액을 파악하는 방법이다. (O, X)

20 헤도닉가격접근법은 주택가격이 환경의 질을 포함하여 주택이 가지는 여러 가지 특성에 의해 결정된다고 설명한다. (O, X)

21 통계적 생명의 가치는 특정 사업장에서 발생할 수 있는 위험에 따른 임금격차금액에 사망사고 발생확률을 곱하여 측정할 수 있다. (O, X)

정답 및 해설

14 X 공공사업의 경우 불완전경쟁시장에서는 시장가격이 적절한 평가 기준이 되지 못하므로 잠재가격을 사용해야 한다.

15 O 독점시장에서 생산량의 변화가 없기 때문에 사회적인 기회비용은 생산량 증가에 따른 비용은 존재하지 않고 민간소비 감소에 따르는 편익 감소이므로 시장가격을 평가 기준으로 사용할 수 있다.

16 O 취업자가 공공사업에 투입된다면 민간에서의 세전임금률이 기회비용이 된다.

17 O

18 O

19 O

20 O 주택가격이 환경의 질을 포함한 주택이 가지는 여러 특성에 의해 결정되므로, 헤도닉가격접근법은 환경의 이용가치를 주택가격에 의해 추정하는 방법이다.

21 X 임금격차금액에 사망사고 발생확률을 나눠서 측정한다.

22 시간의 가치는 서로 다른 시간이 소요되는 상이한 교통수단에 지불되는 비용의 차이를 이용하여 평가할 수 있다. (O, X)

23 할인율이 적정 수준보다 낮으면 공공투자가 너무 과다하게 이루어질 가능성이 있다. (O, X)

24 시장이자율을 공공투자 시의 할인율로 사용하면 공공투자가 과다하게 이루어질 가능성이 높다. (O, X)

25 공공투자에 사용되는 자금의 기회비용은 그 자금을 어떤 방식으로 조달하였느냐에 따라 달라질 수 있다. (O, X)

26 사회적 할인율은 민간의 할인율보다는 낮게 설정되어야 한다는 것이 일반적인 견해이다. (O, X)

27 사회적 할인율이 적정 수준보다 높아지면 주로 초기에 편익이 집중되는 사업이 유리하게 평가되는 경향이 있다. (O, X)

28 현재가치할인율이 낮을수록 사업기간이 짧은 공공투자 프로젝트가 유리하게 평가된다. (O, X)

29 현재가치할인율이 높을수록 편익이 후기에 많이 발생하는 프로젝트가 유리하게 평가된다. (O, X)

30 현재가치할인율이 높을수록 보다 많은 공공투자 프로젝트가 경제성이 높은 것으로 평가될 수 있다. (O, X)

정답 및 해설

22 O

23 O

24 X 대체로 민간의 할인율은 사회적 할인율보다 높은 수준이기 때문에 민간할인율을 공공투자의 할인율로 사용하면 공공투자가 너무 과소하게 이루어질 가능성이 높다.

25 O

26 O

27 O

28 X 현재가치할인율이 낮을수록 사업기간이 긴 공공투자 프로젝트가 유리하게 평가된다.

29 X 현재가치할인율이 높을수록 비용이 후기에 많이 발생하는 프로젝트가 유리하게 평가된다. 혹은 현재가치할인율이 낮을수록 편익이 후기에 많이 발생하는 프로젝트가 유리하게 평가된다.

30 X 일반적으로 비용이 초기에 발생하고 편익이 후기에 발생한다고 가정하기 때문에 현재가치할인율이 높다면 많은 프로젝트의 경제성이 낮은 것으로 평가될 수 있다.

31 사회적 할인율이 r일 때, 비용편익분석 결과 순편익의 현재가치는 0이다. 만약 r보다 높은 사회적 할인율을 적용하면, 이 사업의 편익/비용비율은 1보다 더 커질 것이다. (○, ×)

32 사회적 할인율이 r일 때, 비용편익분석 결과 순편익의 현재가치는 0이다. 만약 r보다 높은 사회적 할인율을 적용하면, 이 사업의 순편익의 현재가치는 0보다 더 커질 것이다. (○, ×)

33 사회적 할인율이 r일 때, 비용편익분석 결과 순편익의 현재가치는 0이다. 만약 r보다 높은 사회적 할인율을 적용하면, 이 사업의 내부수익률은 더 작아질 것이다. (○, ×)

34 정부 공공사업에 대한 할인율은 기회비용의 관점에서 희생된 민간부문 투자의 수익률을 사용할 수 있다. (○, ×)

35 사회적 할인율은 자본시장이 완전할 때 자본의 한계생산성과 소비자의 시간 선호율을 적절히 반영하고 있다. (○, ×)

36 공공투자가 가져오는 양(+)의 외부성을 고려하여 사회적 할인율을 민간할인율보다 낮게 결정할 필요가 있다. (○, ×)

37 공공사업의 편익은 미래에 걸쳐 장기적으로 발생하기 때문에 사회적 할인율을 민간할인율보다 낮게 결정할 필요가 있다. (○, ×)

정답 및 해설

31 X 만약 r보다 높은 사회적 할인율을 적용하면, 미래편익이 감소하므로 순현재가치가 (−)가 될 것이다. 단일안을 결정할 때는 모두 동일한 결과가 나와야 한다. 순현재가치법에 의해 사업의 타당성이 없으므로 이 사업의 편익/비용비율은 1보다 작아질 것이다.

32 X 만약 r보다 높은 사회적 할인율을 적용하면, 이 사업의 순편익의 현재가치는 0보다 작아질 것이다.

33 X 내부수익률은 r로 변화가 없다.

34 O 기취업자를 공공 프로젝트에 투입하는 경우 민간에서의 세전임금이 기회비용이 되는 것처럼, 공공사업에 대한 할인율은 기회비용의 관점에서 희생된 민간부문 투자의 세전수익률을 사용할 수 있다.

35 X 시장이자율(혹은 민간할인율)은 자본시장이 완전할 때 자본의 한계생산성과 소비자의 시간 선호율을 적절히 반영하고 있기 때문에 공공사업에 사용되는 할인율에 이를 이용할 수 있다는 것이지 그것이 사회적 할인율은 아니다.

36 O

37 O

38 공공투자의 경우 미래세대의 후생 증가분도 반영해야 하므로 사회적 할인율은 민간할인율보다 낮게 책정되는 것이 바람직하다. (O, ×)

39 공공사업의 경우 공공투자의 편익이 국민소득에 전혀 영향을 미치지 않을 정도로 작고, 공공투자의 비용이나 편익이 다수의 사람에게 분할될 때 위험과 불확실성을 고려할 필요가 없다. (O, ×)

40 특정 프로젝트의 비용과 편익이 불확실한 경우 확실성 등가가 크면 클수록 더 위험회피적(risk averse)이다. (O, ×)

41 특정 프로젝트의 비용과 편익이 불확실한 경우 확실성 등가를 산출하기 위해서는 프로젝트의 수익 분포뿐만 아니라 개인의 위험회피도에 대한 정보도 필요하다. (O, ×)

42 특정 프로젝트의 비용과 편익이 불확실한 경우 위험중립적(risk neutral)인 개인의 위험프리미엄은 0이며 확실성 등가는 기대소득과 일치한다. (O, ×)

43 특정 프로젝트의 비용과 편익이 불확실한 경우 확실성 등가는 프로젝트의 기대소득에서 위험프리미엄을 공제한 금액을 말한다. (O, ×)

44 특정 프로젝트의 비용과 편익이 불확실한 경우 위험회피적인 개인은 위험한 기회로부터의 기대소득보다 확실성 등가가 항상 작다. (O, ×)

정답 및 해설

38 O

39 O 애로우 - 린드 정리의 내용이다.

40 X 확실성 등가는 불확실한 상황에서 예상되는 기대효용과 동일한 수준의 효용을 가져다주는 확실한 소득이다. 확실성 등가를 산출하기 위해서는 개인의 위험회피도에 대한 정보가 필요하며 확실성 등가가 작으면 더 위험회피적이다.

41 O

42 O

43 O

44 O

제6장

조세의 기본원리

제 6 장 조세의 기본원리

Topic 18 선형누진세, 비례세, 역진세

바람직한 조세의 조건	조세부담의 공평한 분배, 경제적 효율성, 행정적 단순성, 신축성, 정치적 책임성, 확실성
편익원칙	① 공공서비스로부터 받은 편익에 비례하도록 조세부담 ② 소득재분배, 경제안정화를 위한 재원 마련 어려움
능력원칙	① 수직적 공평성, 수평적 공평성을 달성해야 함 ② 밀의 균등희생원칙을 사용함
목적세	조세수입이 특정 목적에 사용되기로 결정된 조세
선형 조세	① **누진세**: 과세표준이 증가할 때 세율이 상승하는 조세 예 $T = -1000 + 0.4Y$ ② **비례세**: 과세표준의 크기와 관계없이 일정한 세율을 적용하는 조세 예 $T = 0.4Y$ ③ **역진세**: 과세표준이 증가함에 따라 오히려 적용세율이 낮아지는 조세 예 $T = 1000 + 0.4Y$
누진도의 측정	① 평균세율 누진도는 $\frac{\text{평균세율의 변화분}}{\text{소득의 변화분}}$, 0을 기준으로 +이면 누진세, −이면 역진세임 ② 조세부담 누진도(= 세수 탄력성)는 $\frac{\text{조세수입 증가율}}{\text{소득의 증가율}}$, 1을 기준으로 1보다 크면 누진세, 1보다 작으면 역진세임
중립세	경제활동에 교란을 주지 않는 조세로 소득효과만 있으면 넓게 중립세로 봄

Topic 18 핵심정리 O/X

01 바람직한 조세제도는 가급적 자원배분의 효율성 상실을 초래하지 않아야 한다. (O, X)

02 바람직한 조세제도는 경제여건의 공평한 분배를 추구하여야 한다. (O, X)

정답 및 해설

01 O

02 O

03 경제여건의 변화에 따라 조세수입이 신축적으로 변하여 경제안정과 성장에 도움이 되어야 한다. (O, X)

04 바람직한 조세제도는 정부의 징세비용과 납세자의 납세협력비용이 최소화되도록 해야 한다. (O, X)

05 바람직한 조세제도는 조세저항이 최소화될 수 있는 조세구조여야 한다. (O, X)

06 조세의 중립성은 조세가 자원배분의 효율성을 왜곡시키지 않는 것을 의미하며, 조세의 간편성은 납세비용이나 조세행정의 부담을 줄이는 것을 의미한다. (O, X)

07 엄격한 의미에서 중립성이란 조세부과가 민간부문의 경제행위에 교란을 일으키지 않음을 의미한다. (O, X)

08 완화된 개념에서 중립세란 소득효과만 있고 대체효과가 존재하지 않는 조세를 말한다. (O, X)

09 인두세는 장 & 단기적으로 경제행위에 영향을 미치지 않는 대표적인 중립세이다. (O, X)

10 인두세는 단기적으로 대체효과가 발생하지 않는다는 점에서 왜곡이 없는 조세이지만, 소득에 대해 역진적이기 때문에 공평하다고 말할 수 없다. (O, X)

11 조세가 부과될 때 사람들이 경제행위를 변화시키는 이유는 조세부담 회피와 관련이 있다. (O, X)

12 모든 조세가 반드시 경제행위를 왜곡시키는 것은 아니며, 오히려 민간부문의 왜곡된 경제 현실을 교정하는 경우도 있다. (O, X)

정답 및 해설

03 O

04 O 바람직한 조세제도가 갖출 덕목 중 하나인 행정적 단순성이다.

05 X 책임성 관점에 따르면 바람직한 조세제도는 조세저항이 있을 수 있다. 직접세가 책임성이 더 강하고, 조세저항 또한 더 강하다.

06 O

07 O 중립성이란 조세로 인한 민간부문의 의사결정에 변화가 생기지 않는 것을 의미한다.

08 O

09 X 인두세는 장기적으로는 경제행위에 영향을 미칠 수 있다.

10 O

11 O

12 O 피구세의 경우 왜곡된 경제 현실이 교정되기도 한다.

13 목적세는 조세수입이 특정 용도에 사용되기로 정해진 세금이다. (O, X)

14 목적세는 특정 분야 사업에 대해 어느 정도의 예산이 확보될 가능성이 크기 때문에 사업의 안정성이 보장된다. (O, X)

15 목적세는 예산배분에 있어 칸막이가 발생하므로 다른 분야 예산사업의 재정위험이 목적세로 시행하는 사업에 파급되지 않는다. (O, X)

16 목적세는 해당 조세수입이 어느 정부지출로 귀결되는지를 알 수 있다. (O, X)

17 목적세는 세원과 지출이 연계되어 있어 재정운용의 경직성이 초래될 수 있다. (O, X)

18 목적세는 장기간 지속되는 특정 분야 또는 사업에 대한 예산을 안정적으로 확보하는 데 유리하다. (O, X)

19 현행 우리나라 지방세체계하에서 레저세는 목적세로 분류된다. (O, X)

20 목적세는 과세의 능력원칙을 구현하기 위한 조세이다. (O, X)

21 현행 우리나라 국세체계하에서 교통·에너지·환경세는 목적세로 분류된다. (O, X)

22 목적세는 공공서비스의 비용을 수혜자에게만 직접 부담시킴으로써 조세의 효율성을 제고시킨다. (O, X)

정답 및 해설

13 O

14 O

15 O

16 O

17 O

18 O

19 X 현행 우리나라 지방세체계하에서 레저세는 일반세로 분류된다.

20 X 목적세는 특정한 재화를 소비하거나 특정한 재화의 거래에 부과되는 경우가 대부분이므로 능력원칙을 적용하기는 어렵다.

21 O

22 X 모든 목적세가 공공서비스 제공비용을 수혜자에게 부담시키는 조세는 아니다. 예를 들어 교육세는 교육을 받는 사람만 가지는 것은 아니다.

23 비례세는 과세표준의 크기에 관계없이 항상 평균세율이 일정하다. (O, X)

24 누진세는 과세표준이 증가하면 항상 평균세율이 증가한다. (O, X)

25 비례세는 과세표준의 크기에 관계없이 항상 한계세율이 일정하다. (O, X)

26 누진세는 과세표준이 증가하면 항상 한계세율이 증가한다. (O, X)

27 누진세는 한계세율이 항상 평균세율보다 높다. (O, X)

28 정액세의 부과는 상대가격을 변경시킨다. (O, X)

29 정액세는 대체효과와 소득효과를 발생시킨다. (O, X)

30 정액세는 효율성과 공평성을 동시에 충족시키는 조세이다. (O, X)

31 소득이 1,000만원인 납세자에게는 300만원을, 소득이 100만원인 납세자에게는 30만원을 정액으로 부과하는 소득세는 정액세의 일종이다. (O, X)

32 동등한 경제 상황에 있는 사람들에게 동등하게 과세하여야 한다는 것이 수직적 공평이며, 부자에게는 더 많은 세금을 부과하여야 한다는 것을 수평적 공평이라 한다. (O, X)

정답 및 해설

23 O

24 O

25 O

26 X 선형누진세의 경우에는 과세표준의 크기에 관계없이 한계세율이 일정하다.

27 O

28 X 정액세는 상대가격을 변경시키지 않기 때문에 행동의 변화를 야기하지 않는다.

29 X 정액세는 대체효과가 발생하지 않는다.

30 X 정액세는 효율성만을 충족시킨다.

31 X 30% 세율의 비례세이다.

32 X 동등한 경제 상황에 있는 사람들에게 동등하게 과세하여야 한다는 것이 수평적 공평이며, 부자에게는 더 많은 세금을 부과하여야 한다는 것을 수직적 공평이라 한다.

33 공평과세에 따르면 담배는 외부불경제를 유발하기 때문에 담배소비세를 부과해야 한다. (O, X)

34 공평과세에 따르면 대기를 오염시키는 플라스틱 생산에 환경세를 부과해야 한다. (O, X)

35 공평과세에 따르면 고소득자일수록 더 많은 조세를 부담해야 한다. (O, X)

36 공평과세에 따르면 부양가족이 많으면 부담능력이 적으니 조세를 적게 부담해야 한다. (O, X)

37 공평과세에 따르면 주행거리에 비례한 자동차세 부과는 편익원칙에 입각한 것이다. (O, X)

38 공평과세에 따르면 인근 공원 때문에 주택가격이 올랐다면 재산세를 더 많이 부담해야 한다.(O, X)

39 공평과세에 따르면 편익원칙은 빅셀(K. Wicksell), 린달(E. Lindahl) 등에 의해 발전되었는데, 이들은 조세를 자발적 교환에 대한 대가로 파악한다. (O, X)

40 공평과세에 따르면 수수료, 통행료, 사용료는 편익원칙에 따른 과세의 예이다. (O, X)

41 능력원칙에 따르면 상이한 경제적 능력을 가진 사람에게는 상이한 크기의 조세를 부과해야 한다. (O, X)

42 밀(J. Mill)은 공평과세의 원칙으로 동등희생설을 주장한다. (O, X)

정답 및 해설

33 X 공평과세가 아닌 효율성과 관련된 내용이다.

34 X 대기를 오염시키는 플라스틱 생산에 환경세를 부과한다는 것은 외부불경제를 바로잡기 위한 것으로 피구세에 해당한다.

35 O

36 O

37 O

38 O

39 O

40 O

41 O

42 O

43 사뮤엘슨(P. Samuelson)에 의하면 동등절대희생의 원칙은 한계효용의 소득탄력성이 1보다 작은 경우에 누진과세를 정당화한다. (O, X)

44 피구세는 능력원칙에 부합하는 조세이다. (O, X)

45 편익원칙에 의하면 조세는 공공서비스에 대한 대가이다. (O, X)

46 공평과세에 따르면 자동차 소유자는 편익원칙에 따라 주행거리에 비례하여 자동차세를 부담해야 한다. (O, X)

47 편익원칙은 능력원칙에 비해 조세부담이 있어 납세자의 자발적 협조를 유도하기가 용이하다.(O, X)

48 납세자들의 무임승차 성향은 편익원칙의 실현을 어렵게 하는 원인이 될 수 있다. (O, X)

49 편익원칙은 빅셀(Wicksell)이 제시한 자발적 교환 이론과 그 맥락을 같이한다. (O, X)

50 조세부과의 이익설에 따르면 불황 등 경제 불안정 극복을 위해 필요한 정부지출 재원을 조달하기 쉽지 않다. (O, X)

51 편익원칙을 적용할 때 재분배목표를 추구하기 위한 조세와 지출의 운용이 허용될 수 있다. (O, X)

52 비례소득세는 수직적 공평성을 제고시킨다. (O, X)

정답 및 해설

43 X 밀에 의하면 동등절대희생의 원칙에서는 누진과세 여부는 한계효용의 소득탄력성에 따라 달려있으며, 1을 기준으로 1보다 크면 누진세이고 작으면 역진세이다.

44 X 피구세는 효율성과 관련된 조세이다. 능력원칙은 공평성과 관련된 내용이다.

45 O

46 O 주행거리에 비례한다는 것은 소유자가 도로주행에 있어 편익의 크기에 따라 조세를 부담한다는 것이다. 편익원칙은 공평성과 관련된다.

47 O

48 O

49 O 빅셀의 자발적 교환 이론은 린달 모형과 유사하다. 린달은 경제주체 당사자 간의 자발적 합의를 통해 최적 공공재 공급 규모와 분담비율을 동시에 결정한다고 하는데, 이는 편익원칙에 관한 것이다.

50 O 편익원칙에 따르면 경기안정화 효과를 얻지 못한다.

51 X 능력원칙에 따라 조세를 부과해야 재분배목표를 이룰 수 있다.

52 X 수직적 공평성이 악화된다.

53 수평적 공평성을 중시하는 소득세제에서는 과세기준이 되는 소득이 증가하면, 세금부담액은 증가하고 평균세율은 감소한다. (O, X)

54 우리나라 근로소득세는 이익설에 기초한 조세이다. (O, X)

55 능력원칙은 납세자의 경제적 능력에 따라 조세부담을 져야 함을 요구한다. (O, X)

56 수평적 공평성과 수직적 공평성은 편익원칙보다는 능력원칙과 밀접하게 관련된다. (O, X)

57 수평적 공평성의 원칙은 동일한 경제능력의 소유자에게 동일한 세금의 부담을 지워야 함을 요구한다. (O, X)

58 능력원칙에 따르면, 서로 다른 경제적 능력을 가진 사람들에게 차등적인 금액의 조세를 부담시켜야 한다. (O, X)

59 부담능력에 따른 과세를 채택할 경우 소득이 유일한 부담능력의 척도가 된다. (O, X)

60 역진세는 평균세율이 한계세율보다 크므로 소득이 증가할 때 평균세율은 하락하고 한계세율은 상승한다. (O, X)

61 역진세율체계하에서는 고소득자의 납세액이 저소득자의 납세액보다 작다. (O, X)

62 누진세율체계하에서는 고소득자의 납세액이 저소득자의 납세액보다 크다. (O, X)

정답 및 해설

53 X 누진세제도이므로 평균세율이 상승한다.
54 X 우리나라의 근로소득세는 누진세이므로 이익설(편익원칙)이 아닌 능력원칙에 기초한 조세이다.
55 O
56 O
57 O
58 O 능력원칙 중 수직적 공평성에 관한 내용이다.
59 X 소득뿐만 아니라 소비/재산 등 또한 부담능력의 척도가 된다.
60 X 한계세율은 변함이 없거나 감소한다.
61 X 역진세율은 소득 증가 시 평균세율이 감소하는 것이지, 소득 증가 시 총세금이 줄어드는 것이 아니다.
62 O

63 정액세는 소득이 증가할수록 평균세율이 하락한다. (O, X)

64 정액세의 한계세율은 0이다. (O, X)

65 조세부담이 누진적이면 자원배분이 효율적이라고 할 수 있다. (O, X)

66 편익원칙에 따른 과세를 채택할 경우 그 세율구조는 누진적이 된다. (O, X)

67 선형조세수입함수는 소득이 증가함에 따라 한계세율이 달라진다. (O, X)

68 선형조세수입함수가 소득축을 통과하면 조세수입의 소득탄력성은 1보다 작다. (O, X)

69 한계세율이 평균세율보다 작으면 조세수입의 소득탄력성은 1보다 작다. (O, X)

70 조세수입의 소득탄력성은 조세의 누진도를 평가하는 데 도움이 되지 않는다. (O, X)

71 과세기간 동안의 개인별 소비액을 기준으로 과세하는 개인소비세의 경우 그 부담구조는 역진적이 된다. (O, X)

72 고소득층이 많이 사용하는 사치품에 대한 개별소비세 과세로 소비세의 역진성을 완화할 수 있다. (O, X)

정답 및 해설

63 O 정액세는 조세액은 그대로이고 소득액은 증가하므로 평균세율이 감소한다.

64 O 소득이 증가해도 세금이 증가하지 않기 때문에 한계세율은 0이다.

65 X 누진세는 공평성 측면에서 바람직한 조세제도이며 효율성과 상충된다.

66 X 일반적으로 편익원칙에 따른 과세를 채택할 경우 세율구조가 역진적일 수 있는데(편익원칙은 능력원칙과 상충) 공공수요의 소득탄력성이 1보다 크거나 공공수요의 가격탄력성이 1보다 작으면 세율구조가 누진적이 될 수 있다.

67 X 선형조세체계는 한계세율이 일정하다.

68 X 선형조세수입함수가 소득축을 통과하는 조세구조는 누진세이며, 누진세는 조세수입의 소득탄력성이 1보다 크다.

69 O 한계세율이 평균세율보다 작으면 역진세이며, 역진세는 조세수입의 소득탄력성이 1보다 작다.

70 X 조세수입의 소득탄력성은 누진도를 평가하는 기준이 된다.

71 X 소비를 능력의 기준으로 삼는 개인소비세는 과세구조를 어떻게 짜느냐에 따라 부담구조가 달라진다.

72 O

73 수평적 공평성이 충족되지 못하더라도 수직적 공평성은 충족되는 것이 바람직하다. (O, X)

74 편익원칙에 의해 조세를 부과하는 경우에는 소득재분배를 위한 지출은 허용되지 않는다. (O, X)

75 누진세로 인해 조세회피가 발생할 가능성이 있다. (O, X)

76 누진세로 인해 경제적 효율성이 저해될 수 있다. (O, X)

77 조세를 소득의 함수로 나타내면 누진세는 원점을 지나는 선형조세함수의 형태가 된다. (O, X)

78 누진세는 정부로부터 제공받는 서비스의 정도와 관계없이 조세부담을 해야 한다. (O, X)

79 누진세는 경기변동 시 자동안정화기능을 한다. (O, X)

80 누진세 반대론자들은 누진세가 조세제도를 복잡하게 만들어 탈세할 수 있는 구멍(loophole)을 제공할 수 있다고 반대한다. (O, X)

81 누진세 반대론자들은 경제의 활력을 떨어뜨리는 원인이 된다고 반대한다. (O, X)

정답 및 해설

73 X 차선의 이론에 따르면 수평적 공평성이 충족되지 못하는 상황이라면 수직적 공평성이 충족된다고 해서 더 바람직한 상태가 된다는 보장은 없다.

74 O

75 O

76 O

77 X 조세를 소득의 함수로 나타내면 소득축을 지나는 선형조세함수로 표현할 수 있다. 원점을 지나는 선형조세함수의 형태는 비례세이다.

78 O

79 O

80 O

81 O

82 누진세 찬성론자들은 능력원칙에 따라 경제적 능력이 큰 사람일수록 정부서비스 혜택을 많이 받기 때문에 찬성한다. (O, ×)

83 사람들은 자신들의 미래가 불확실한 상황에서는 누진세를 찬성할 수 있다. (O, ×)

84 밀(J. S. Mill)의 동등희생의 원칙에는 누진세를 찬성하는 논리가 제시되어 있다. (O, ×)

85 세수함수가 $T=-400+0.5Y$일 경우 소득 증가 시 한계세율과 평균세율이 모두 증가하는 누진세이다(단, T: 세금, Y(소득)>800이다). (O, ×)

86 소득세율이 소득 구간에 따라 0에서 100까지는 10%, 100 초과 200까지는 20%, 200 초과에서는 30%이다. 갑의 총소득 240에서 각종 공제를 한 후 과세가능소득은 180이다. 갑의 한계세율은 20%이고 실효세율은 14.4%이다. (O, ×)

정답 및 해설

82 X 편익원칙에 따라 경제적 능력이 큰 사람일수록 정부서비스 혜택을 많이 받기 때문에 찬성한다.

83 O

84 O

85 X 선형누진세의 형태로 평균세율은 증가하지만 한계세율(= $\frac{\Delta T}{\Delta Y}$)은 소득크기에 관계없이 0.5로 일정하다.

86 X 1) 과세소득 구간이 180이므로 앞으로 소득이 증가할 경우 추가적으로 20%의 조세를 내야 한다. 따라서 한계세율은 20%이다.

2) 실효세율 $= \frac{총조세}{총소득} = \frac{10+16}{240} \times 100 =$ 약 10.8%이다.

Topic 19 밀의 균등희생의 원칙

가정	① 소득으로부터 얻는 효용의 크기를 기수적으로 측정할 수 있음 ② 모든 개인의 선호(효용함수)는 동일함
균등절대희생	① 조세납부에 따른 모든 개인의 절대적인 희생의 크기(그래프의 면적)가 동일해야 함 ② 누진과세 여부는 한계효용의 소득탄력성 1을 기준으로 1보다 크면 누진세, 작으면 역진세임
균등비례희생	① 조세납부로 인해 상실된 효용의 비율이 모든 사람에게 동일해야 함($\frac{상실면적}{전체면적}$) ② 한계효용이 체감하되 한계효용곡선이 우하향의 직선인 경우에도 누진적인 조세부담이 이루어짐
균등한계희생	① 마지막 단위의 조세납부로 인한 희생의 크기가 같아야 함 ② 균등한계희생원칙에 의해 조세가 부과될 때 사회 전체의 효용상실이 극소화됨

Topic 19 핵심정리 O/X

01 동등희생원칙은 편익원칙에 근거한 조세부담의 이론적 기초를 제공한다. (O, X)

02 균등비례희생원칙에 따르면 납세 후 소득의 한계효용은 고소득층이 더 크다. (O, X)

03 소득의 한계효용을 체감할 때 균등비례희생원칙에 따르면 누진과세가 타당성을 갖는다. (O, X)

04 균등절대희생에 따르면 조세로 인한 사회 전체의 희생이 극소화된다. (O, X)

05 모든 사람의 소득의 한계효용이 일정하다면 비례세가 균등비례희생의 원칙에 부합된다. (O, X)

06 균등한계희생의 원칙은 과세로 인해 희생된 효용의 비율이 모든 사람에게 동일해야 함을 의미한다. (O, X)

정답 및 해설

01 X 동등희생원칙은 능력원칙에 근거한 조세부담의 이론적 기초를 제공한다.

02 X 균등비례희생원칙에 따르면 납세 후 소득은 고소득층이 저소득층보다 높다. 그러므로 납세 후 소득의 한계효용은 저소득층이 고소득층보다 크다.

03 O

04 X 균등한계희생에 따를 경우 조세로 인한 사회 전체의 희생이 극소화되는 것이다.

05 O 모든 사람의 소득의 한계효용이 일정하다면, 즉 한계효용의 소득탄력성이 0이라면 비례세는 균등비례희생의 원칙에 부합된다.

06 X 균등비례희생원칙에 대한 설명이다.

07 두 사람이 동일한 우하향하는 소득의 한계효용곡선을 가진다고 가정할 때 한계적 균등희생원칙에 따를 경우 누진세가 나타나게 된다. (O, ×)

08 균등한계희생에 따르면 모든 사람의 세후순소득이 같아지는 극단적으로 누진적인 조세가 정당화된다. (O, ×)

09 균등절대희생원칙에 따르면 누진과세가 이루어진다는 보장이 없다. (O, ×)

10 균등한계희생원칙에 따르면 납세 후 소득의 한계효용은 모든 사람이 동일하다. (O, ×)

11 균등한계희생원칙에 따르면 납세 후 소득은 모든 사람이 동일하다. (O, ×)

12 동등희생의 원칙에서 희생의 비율을 동등하게 하는 경우 소득의 한계효용이 감소하고 직선이면 누진세를 정당화한다. (O, ×)

13 동등희생의 원칙에서 희생의 비율을 동등하게 하는 경우 한계효용의 소득탄력성이 1보다 크면 누진세를 정당화한다. (O, ×)

14 동등희생의 원칙에서 희생의 비율을 동등하게 하는 경우 한계효용의 소득탄력성이 1보다 작으면 누진세를 정당화한다. (O, ×)

15 동등희생의 원칙에서 희생의 비율을 동등하게 하는 경우 소득의 한계효용이 일정하면 누진세를 정당화한다. (O, ×)

정답 및 해설

07 O

08 O

09 O

10 O

11 O

12 O

13 X 동등절대희생 시 성립한다.

14 X 동등절대희생 시 한계효용의 소득탄력성이 1보다 큰 경우 누진세가 정당화된다.

15 X 비례세를 정당화한다.

Topic 20 탈세

세제 운영에 따른 비용	① 징세비용: 행정비용으로 조세체계가 복잡할수록, 세무행정 규모가 커질수록 커짐 ② 납세협력비용: 납세자의 비용으로 조세체계에 비례, 세무행정 규모가 커질수록 납세협력비용은 반비례함
탈루소득을 줄이는 원인	적발될 확률 p의 증가, 벌금률 a의 증가, 세율의 감소는 일반적으로 탈루소득 V를 줄임

Topic 20 핵심정리 O/X

01 알링햄 – 샌드모(M. Allingham & A. Sandmo)의 탈세 모형에서 세율 인상에 따른 대체효과는 탈루소득을 줄이는 방향으로 작용한다. (O, X)

02 알링햄 – 샌드모의 탈세 모형에서 절대 위험 기피도가 체감하는 개인은 세율이 오르면 소득효과로 탈루소득의 크기를 줄인다. (O, X)

03 알링햄 – 샌드모의 탈세 모형에서 탈세로 인한 심리적 비용이 클수록 탈세 규모는 감소한다. (O, X)

04 알링햄 – 샌드모의 탈세 모형에서 절세행위는 불법성을 특징으로 한다는 점에서 조세회피와 구별된다. (O, X)

05 알링햄 – 샌드모의 탈세 모형에서 탈세의 편익은 세율로 표현될 수 있으며, 감사받을 확률의 증가나 벌금률의 증가가 탈루소득을 분명하게 늘린다. (O, X)

정답 및 해설

01 X 세율 인상에 따른 대체효과는 탈루소득을 늘리는 방향으로 작용한다.

02 O

03 X 알링햄 – 샌드모 모형에서 탈세로 인한 심리적 비용이 클수록 탈세 규모는 감소한다고 단정지어 말할 수 없다.

04 X 절세행위는 합법성을 특징으로 한다는 점에서 조세회피와 구별된다.

05 X 탈세의 편익은 세율로 표현될 수 있으며, 감사받을 확률의 증가나 벌금률의 증가가 탈루소득을 줄인다.

06 절세는 합법적으로 세금을 절약하는 것이다. (O, X)

07 알링햄 – 샌드모(M. Allingham and A. Sandmo)에 따르면, 탈세의 편익은 세율로 표현될 수 있으며, 세율이 낮을수록 탈세는 늘어나게 된다. (O, X)

08 절대 위험 기피도가 체감하는 개인은 세율이 오르면 탈루소득의 크기를 줄인다. (O, X)

09 탈세로 인한 심리적 비용이 클수록 탈세 규모는 감소한다. (O, X)

10 알링햄 – 샌드모에 따르면, 세율은 일정한 수준에서 유지하고 감사확률과 벌금을 적절하게 조절하여 탈세를 방지하는 것이 바람직하다. (O, X)

11 세율 인상에 따른 대체효과는 탈루소득을 줄이는 방향으로 작용한다. (O, X)

12 탈세행위는 불법성을 특징으로 한다는 점에서 조세회피와 구별된다. (O, X)

13 탈세방지 수단으로 적발확률의 증가와 벌금 인상을 고려할 때, 행정비용 측면에서는 높은 벌금의 부과가 바람직하다. (O, X)

14 알링햄 – 샌드모의 탈세 모형에서는 절대 위험 기피도 체감의 특성을 가진 납세자를 가정한다. (O, X)

15 탈세행위는 수평적 공평성뿐만 아니라 수직적 공평성에도 부정적 효과를 낳는다. (O, X)

정답 및 해설

06 O

07 X 세율이 낮으면 탈세는 줄어든다.

08 O

09 O

10 O

11 X 세율 인상에 따른 대체효과는 탈루소득을 늘리는 방향으로 작용한다.

12 O

13 O

14 O

15 O

16 탈세에 대한 벌금률을 높이면 탈세는 감소한다. (O, X)

17 세무감사의 확률을 높이면 탈세는 감소한다. (O, X)

18 임금소득에 비해 자영업소득의 탈세율이 높은 경우가 많다. (O, X)

19 귀속소득을 보고하지 않아 탈세가 되는 경우가 많다. (O, X)

20 세율 인상의 대체효과는 탈루소득을 증가시킨다. (O, X)

21 개인의 효용함수가 U(Y) = Y일 때, V만큼의 소득을 축소신고하는 경우 적발되지 않으면 소득은 W + tV이고, 적발되면 세금 및 벌금 납부 후 소득은 W − aV이다(Y: 최종 소득, W: 성실납세 후 소득, t: 세율, a: 적발될 경우에 추징세금을 반영한 총 벌과금의 비율). 이때 t = 0.2이고, a = 0.3이라면 적발될 확률(p)이 0.4가 되어야 축소신고를 하지 않기 시작한다. (O, X)

정답 및 해설

16 O

17 O

18 O

19 X 자가 주택 거주자가 그 주택을 다른 사람에게 빌려주었을 때 얻을 수 있는 임대료에 해당하는 편익과 같은 귀속소득은 소득세 과세대상이 아니므로 탈세와 관계가 없다.

20 O

21 O 1) V원의 소득을 축소신고하였을 때 축소신고가 적발되면 소득이 W − aV, 적발되지 않으면 소득이 W + tV이므로 적발될 확률이 p로 주어져 있다면 소득을 축소신고할 때의 기대소득은 다음과 같다.
기대소득 = [p × (W − aV)] + [(1 − p) × (W + tV)]

2) t = 0.2와 a = 0.3을 기대소득에 대입하면 다음과 같다.
기대소득 = p(W − 0.3V) + (1 − p)(W + 0.2V) = W + 0.2V − 0.5pV

3) 축소신고할 때의 기대소득 W + 0.2V − 0.5pV가 성실하게 납세할 때의 소득인 W보다 같거나 적다면 개인들은 축소신고를 하지 않을 것이다. 즉, 다음의 식이 성립한다면 축소신고를 하지 않을 것이다.
$W \geq W + 0.2V - 0.5pV$ → $0.5pV \geq 0.2V$ → $p \geq 0.4$

4) 따라서 적발확률이 0.4 이상이면 축소신고할 때의 기대소득이 성실납세할 때의 소득보다 같거나 적으므로 축소신고를 하지 않을 것이다.

제7장

조세와 소득분배

제 7 장 조세와 소득분배

Topic 21 조세의 전가와 귀착

01 귀착의 분류

균형예산귀착	다른 조세가 없다고 가정하고 특정 조세로 조달한 재원에 의한 정부지출사업까지 고려하여 조세의 분배효과를 분석
차별귀착	모든 조세와 정부지출이 일정하게 유지된다고 가정하고 하나의 세금을 다른 세금으로 대체할 경우의 분배효과를 비교 · 분석
절대귀착	다른 조세나 지출에 아무런 변화가 없다는 가정하에서 조세를 추가하여 특정한 조세의 분배적 효과를 분석

02 부분균형분석

종량세와 종가세	종량세는 평행이동, 종가세는 회전이동
조세부담	① 탄력도와 반비례, 비탄력적일수록 조세부담이 큼 ② 독점시장은 MC곡선의 기울기가 클수록 생산자 조세부담이 큼
독점시장의 물품세	① 독점시장이라고 해도 모두 소비자가 부담하는 것은 아님 ② 선형수요곡선이면서 한계비용이 일정한 경우 조세의 $\frac{1}{2}$만큼 가격 상승 → 소비자와 생산자 동일하게 부담
노동시장	① 근로소득세 부과 시 일반적으로 노동자와 기업이 나누어서 조세부담 ② 후방굴절하는 노동공급곡선에서는 100% 이상 노동자에게 전가
자본시장	완전히 개방적인 자본시장이면 자본의 사용자가 전적으로 부담
조세의 자본화	자산의 가격이 미래에 발생할 조세부담의 현재가치에 해당하는 부분만큼 하락하는 것
이윤세	이윤의 전부가 기업에게 귀착

Topic 21 핵심정리 O/X

01 조세부담의 전가란 조세부담이 경제적 관계에 따라 법률상 납세의무자로부터 다른 경제주체에게로 이전되는 것을 말한다. (O, X)

02 조세부담의 전가란 법적으로 조세부담의 의무를 지고 있는 사람이 다른 사람에게 그 부담을 강제로 떠넘기는 것은 아니다. (O, X)

03 물품세의 법적 귀착은 누가 정부에 세금을 내는가에 의해 결정되며, 경제적 귀착은 세금이 부과되기 전과 후에 개인이 사용 가능한 자원의 차이에 의해 결정된다. (O, X)

04 물품세의 법적 귀착과 경제적 귀착은 항상 동일한 결과를 나타낸다. (O, X)

05 정부지출을 불변으로 두고, 한 종류의 조세를 같은 조세수입을 가져다주는 다른 종류의 조세로 대체했을 때의 분배효과를 분석하는 것을 예산귀착이라고 한다. (O, X)

06 균형예산귀착은 다른 조세가 없다고 가정하고 특정 조세로 조달한 재원에 의한 정부지출사업까지 고려하여 조세의 분배효과를 분석한다. (O, X)

07 차별귀착은 모든 조세와 정부지출이 일정하게 유지된다고 가정하고 하나의 세금을 다른 세금으로 대체할 경우의 분배효과를 비교 · 분석한다. (O, X)

08 절대귀착은 다른 조세나 정부지출에 아무런 변화가 없다는 가정하에서 특정 조세의 분배효과를 분석한다. (O, X)

정답 및 해설

01 O

02 O

03 O

04 X 법적 귀착과 경제적 귀착의 결과가 항상 동일한 것은 아니다.

05 X 정부지출을 불변으로 두고, 한 종류의 조세를 같은 조세수입을 가져다주는 다른 종류의 조세로 대체했을 때의 분배효과를 분석하는 것은 차별귀착이다. 예산귀착은 본래 세금의 크기와 동일한 크기의 정부지출을 쓸 때 그 세금이 누구에게 귀착되는지를 다룬다.

06 O

07 O

08 O

09 절대귀착은 균형예산귀착보다 정부지출이 분배에 미치는 효과를 파악할 때 더 적합한 분석 방법이다. (O, X)

10 균형예산귀착은 정부가 부과하는 조세가 다수인 경우에는 분석이 용이하지 않다. (O, X)

11 수요곡선과 공급곡선에서 생산물 1단위당 300원의 세금이 부과되었다. 300원에서 소비자가 부담하는 세금은 200원이다(단, 수요곡선: $P = 6,000 - 4Q$, 공급곡선: $P = 2Q$, P: 가격, Q: 수량). (O, X)

12 수요함수가 $P = 2,000 - Q$, 공급함수가 $P = Q$일 때 생산자에게 개당 200원의 종량세를 부과하면 소비자와 생산자가 각각 부담해야 하는 세금의 크기는 동일하다(단, P: 가격, Q: 수량). (O, X)

13 종량세가 부과되면 공급곡선의 기울기가 커진다. (O, X)

14 세금이 수요자에게 부과되는 경우는 공급자에게 부과되는 경우보다 수요자 측의 부담귀착이 더 크다. (O, X)

15 세금이 수요자에게 부과되는 경우에는 수요자와 공급자의 부담귀착이 공급의 가격탄력성보다 수요의 가격탄력성에 더 많이 좌우된다. (O, X)

16 물품세의 경제적 귀착은 어떤 재화시장에서 세금이 생산자에게 부과되든지, 소비자에게 부과되든지 달라지지 않는다. (O, X)

정답 및 해설

09 X 절대귀착은 정부지출이 고정된 상태에서 특정한 조세부과가 소득분배에 미치는 효과를 분석하는 것이므로 정부지출이 분배에 미치는 효과를 파악할 수 없다. 이에 비해 균형예산귀착은 조세징수와 정부지출이 종합적으로 소득분배에 미치는 효과를 분석하는 것이므로 정부지출이 분배에 미치는 효과를 파악하는 데 있어서는 절대귀착보다 균형예산귀착이 더 적합하다.

10 O

11 O 수요곡선의 기울기의 절댓값이 공급곡선의 기울기의 절댓값보다 2배 크므로 비탄력적이다. 따라서 조세부담이 2 : 1로 이루어져야 하므로 소비자의 조세액은 200원이 된다.

12 O 수요곡선 기울기의 절댓값과 공급곡선 기울기의 절댓값이 동일하므로 단위당 종량세가 부과되면 소비자와 생산자가 각각 절반씩 부담하게 된다.

13 X 종량세가 부과되어도 공급곡선의 기울기 변화는 없다.

14 X 부담귀착은 세금의 법적 부담주체는 중요하지 않고 탄력성의 상대적 크기에 따라 결정된다.

15 X 공급의 가격탄력성이나 수요의 가격탄력성이나 다르지 않다.

16 O

17 조세귀착의 부분균형분석은 특정한 시장에서 부과된 조세가 다른 시장에 영향을 미치지 않고 그 시장에서만 영향을 미친다는 가정하에서 분배효과를 측정한다. (O, ×)

18 조세부담은 생산물이나 생산요소의 시장가격을 통하여 거래 단계상 유통의 진행 방향 또는 반대 방향으로 전가될 수 있다. (O, ×)

19 법인세 부담이 소비자에게로 전가되었다면 전전(forward shifting)이 발생한 것이다. (O, ×)

20 법인세의 부과는 조세부담의 전전(forward shifting) 및 후전(backward shifting)을 모두 발생시킬 수 있다. (O, ×)

21 조세를 납부해야 하는 생산자가 경영합리화 등을 통해 실질적으로 조세부담을 흡수하는 것을 소전(transformation)이라 한다. (O, ×)

22 종가세가 생산요소에 부과되는 경우 요소소득에 세율을 적용하여 납세 전 요소소득에서 공제하는 방식으로 요소공급자에게 부과된다. (O, ×)

23 기업의 순수한 이윤에 대한 과세는 다른 경제주체로 전가되지 않는다. (O, ×)

〈완전경쟁시장인 경우〉

24 종량세가 부과된 재화의 가격 변화는 수요/공급의 탄력성에 따라 달라진다. (O, ×)

25 수요의 가격탄력성이 클수록 소비자에게 전가되는 세 부담 규모는 작아진다. (O, ×)

정답 및 해설

17 O

18 O

19 O

20 O

21 O

22 O 예컨대, 근로소득세가 노동자에게 부과되는 경우 세금을 떼고 노동자에게 임금이 지급된다.

23 O 이윤세는 경제주체의 행위 변화를 야기하지 않는다.

24 O 수요의 가격탄력성이 완전탄력적인 상황이면 소비자에게 세금이 부과된 경우 재화의 가격은 세금의 크기만큼 하락하고 공급자에게 세금이 부과된 경우 변화가 없기 때문에 재화의 가격 상승은 수요/공급의 탄력성에 영향을 받는다.

25 O

26 수요곡선이 비탄력적일수록 물품세의 소비자부담이 증가한다. (○, ×)

27 생산자와 소비자에 대한 조세의 상대적 부담비율은 수요와 공급곡선의 상대적 탄력성에 반비례한다. (○, ×)

28 공급의 가격탄력성이 1일 때는 수요자와 공급자가 부담을 반씩 나눠서 지게 된다. (○, ×)

29 물품세 부과에 따른 소비자로의 조세귀착은 공급의 가격탄력성이 수요의 가격탄력성보다 클수록 더 커진다. (○, ×)

30 완전개방경제에서 자본에 대한 과세는 전적으로 자본의 사용자에게 귀착된다. (○, ×)

31 소비자들이 쉽게 대체재를 구할 수 있는 상품의 공급자들이 생산량을 조절하기 어려울 경우, 그 상품에 부과되는 조세는 소비자에게 더 많이 귀착된다. (○, ×)

32 다른 조건이 일정할 때, 시간이 흐를수록 공급곡선의 탄력성이 커지면 상대적으로 소비자에게 조세가 더 많이 귀착된다. (○, ×)

33 노동의 공급곡선이 우상향한다면 조세부담이 전부 기업에 전가된다. (○, ×)

34 노동수요의 탄력성이 무한히 큰 경우 근로소득세를 부과하면 세 부담은 노동자에게 모두 귀착된다. (○, ×)

35 노동공급의 탄력성이 아주 크다면 조세부담은 거의 전부 근로자에게 귀착된다. (○, ×)

정답 및 해설

26 O

27 O 탄력성이 클수록 조세의 상대적 부담비율이 감소한다.

28 X 수요의 가격탄력성을 고려해야 한다.

29 O

30 O

31 X 대체재가 많을수록 수요의 가격탄력성은 커지며, 생산량 조절이 어려울수록 공급의 가격탄력성은 작아진다. 이 경우 조세는 공급자에게 더 많이 귀착된다.

32 O

33 X 공급곡선이 수직인 경우 공급의 가격탄력성이 완전비탄력적이므로 조세부담을 기업이 모두 부담한다.

34 O

35 X 노동공급의 탄력성이 아주 크다면 조세부담은 수요자인 기업에게 귀착된다.

36 노동공급곡선이 후방굴절하는 구간에서 임금소득세를 부과하면 노동공급자가 받는 순임금률인 공급임금률은 조세보다 더 크게 하락한다. (O, ×)

37 노동공급곡선이 후방굴절하는 구간에서 임금소득세를 부과하면 기업이 지불하는 수요임금률은 조세보다 더 크게 증가한다. (O, ×)

38 노동공급곡선이 후방굴절하는 구간에서 임금소득세를 부과하면 조세는 노동공급자에게 100% 이상 귀착된다. (O, ×)

39 노동공급곡선이 후방굴절하는 구간에서 임금소득세를 부과하면 균형노동량은 증가한다. (O, ×)

40 노동공급곡선이 후방굴절하는 구간에서 임금소득세를 부과하면 수요자는 과세로 인해 더 낮은 임금률로 더 많은 노동을 고용한다. (O, ×)

41 두 재화 X와 Y가 완전대체재인 경우 재화 X에 조세를 부과하면, 조세는 재화 X의 공급자에게 모두 귀착된다. (O, ×)

42 수요곡선이 수직선이면 소비자가 모든 조세부담을 진다(소비자가격이 단위당 세액만큼 상승한다). (O, ×)

43 개방경제에서 국가 간 자본이동이 완전한 경우, 자본에 대한 과세는 전적으로 자본 수요자에게 귀착된다. (O, ×)

44 토지의 공급이 완전히 고정되어 있다면 토지 재산세의 궁극적 귀착은 재산세 부과시점의 토지 소유자에게 귀착된다. (O, ×)

정답 및 해설

36 O

37 X 후방굴절하는 구간에서 임금소득세는 노동자에게 100% 이상 전가된다. 즉 임금이 더 낮아진다는 의미이다.

38 O

39 O

40 O

41 O X가 Y로 인해 완전대체될 수 있다는 건 X의 수요의 가격탄력성이 무한대임을 뜻한다. 이 경우 X재는 가격을 변화시킬 수 없으므로 조세는 X의 공급자에게 모두 귀착된다.

42 O

43 O

44 O

45 생산요소의 공급이 완전비탄력적인 경우 그에 대한 조세의 부담은 자본화된다. (O, X)

46 조세의 자본화란 자산의 가격이 미래에 발생될 조세부담의 현재가치만큼 하락함을 뜻하는 것으로 자산의 공급이 신축적이라면 완전한 자본화는 발생하지 않는다. (O, X)

47 A 씨는 $1m^2$당 1,000,000원 하는 토지를 $1,000m^2$ 가지고 있다. $1m^2$당 10,000원의 재산세가 영구적으로 부과되는 경우 조세의 자본화(tax capitalization) 크기는 $1m^2$당 100,000원이다(단, 할인율은 10%, 토지공급은 완전비탄력적이라고 가정한다). (O, X)

〈독점시장인 경우〉

48 독점시장에 물품세가 부과되는 경우 소비자가격은 조세부과액 이상으로 증가될 수 없다. (O, X)

49 독점하에서 한계비용곡선이 일정하고 수요곡선이 직선인 경우에 종량세를 부과하면 가격은 종량세의 2배로 증가한다. (O, X)

50 이윤세 부과는 독점기업의 균형생산량을 감소시킨다. (O, X)

51 시장수요곡선이 Q = 160 − P, 독점자의 평균비용곡선이 AC = 40 + Q라고 할 때 독점이윤을 극대화하는 산출량(Q^*)은 30이다. (O, X)

정답 및 해설

45 O

46 O 자산의 공급이 완전히 고정된 경우에만 자본화가 발생한다.

47 O 할인율이 10%일 때 $1m^2$당 10,000원의 조세가 부과되는 경우 납세액의 현재가치가 100,000원이므로 자본화되는 금액도 $1m^2$당 100,000원이다.

$$\text{납세액의 현재가치} = \frac{10,000}{(1+0.1)} + \frac{10,000}{(1+0.1)^2} + \frac{10,000}{(1+0.1)^3} + \cdots + \frac{10,000}{(1+0.1)^n} + \cdots$$

$$= \frac{10,000}{0.1} = 100,000$$

48 X 수요의 가격탄력성이 1보다 크면서 일정하고 MC곡선이 수평선인 경우에는 100% 이상의 조세전가가 이루어진다.

49 X 독점하에서 한계비용곡선이 일정하고 수요곡선이 직선인 경우에 종량세를 부과하면 가격은 종량세의 1/2만큼 증가한다.

50 X 순수한 경제적 이윤에 대한 조세는 기업의 의사결정에 아무런 영향을 미치지 않는다. 그러므로 이윤세가 부과되더라도 기업의 생산량과 가격에는 아무런 변화가 발생하지 않는다.

51 O 수요함수가 P = 160 − Q이므로 TR = P × Q = 160Q − Q^2이고, 이를 Q에 대해 미분하면 한계수입 MR = 160 − 2Q이다. 한편, AC = 40 + Q이므로 TC = AC × Q = 40Q + Q^2이고, 이를 Q에 대해 미분하면 한계비용 MC = 40 + 2Q이다. 이윤 극대화 산출량을 구하기 위해 MR = MC로 두면 160 − 2Q = 40 + 2Q이므로 이윤 극대화 산출량 Q = 30이다.

52 순수독점시장의 수요함수는 Q = 300 - 3P이고, 독점공급자의 총비용함수는 $TC = \frac{1}{2}Q^2 + 10Q + 20$이다. 정부가 소비자에게 20의 조세를 부과할 때 독점기업의 부담은 12이다. (O, X)

53 엄격한 조세귀착을 고려하기 위해서 조세부담뿐 아니라 세수지출로 인한 편익까지 함께 고려하여 판단하는 것은 절대적 조세귀착이다. (O, X)

54 독점시장의 경우 조세부담은 소비자에게 모두 전가되지는 않는다(단, 수요곡선은 수요법칙을 따른다). (O, X)

55 법인세의 법적 부담자는 기업이지만 법인세 과세로 인해 상품가격이 인상된다면 소비자에게도 세 부담이 전가된다. (O, X)

56 국민연금제도에서 기여금은 법적으로는 고용주와 근로자가 1/2씩 부담하지만 실질적인 부담은 노동의 수요 및 공급의 임금탄력성에 따라 결정된다. (O, X)

정답 및 해설

52 X 1) 수요함수가 $P = 100 - \frac{1}{3}Q$이므로 한계수입 $MR = 100 - \frac{2}{3}Q$이고, 총비용함수를 미분하면 한계비용 MC = Q + 10이다. 이윤 극대화 생산량을 구하기 위해 MR = MC로 두면 $100 - \frac{2}{3}Q = Q + 10$ ➔ $\frac{5}{3}Q = 90$이므로 조세부과 전의 균형거래량 Q = 54이다. Q = 54를 수요함수에 대입하면 P= 82로 계산된다.

2) 정부가 소비자에게 20의 조세를 부과하면 수요곡선이 20만큼 하방으로 이동한다. 그러므로 조세부과 이후에는 수요함수가 $P = 80 - \frac{1}{3}Q$, 한계수입 $MR = 80 - \frac{2}{3}Q$가 된다. 이제 조세부과 이후의 이윤 극대화 생산량을 구하기 위해 MR = MC로 두면 $80 - \frac{2}{3}Q = Q + 10$ ➔ $\frac{5}{3}Q = 70$ ➔ Q = 42이다. Q = 42를 조세부과 이후의 수요함수에 대입하면 균형가격 P = 66으로 계산된다.

3) 단위당 20의 조세가 부과되었을 때 시장가격이 16만큼 하락하였으므로 단위당 조세액 중 독점기업의 부담은 16이다.

53 X 균형예산귀착은 조세징수와 정부지출이 종합적으로 소득분배에 미치는 효과를 분석하는 것이므로 정부지출이 분배에 미치는 효과를 파악하는 데 적합하다.

54 O

55 O

56 O

57 독점시장에서는 공급곡선의 형태에 따라 귀착이 달라진다. (O, X)

58 독점시장에서 종량세와 종가세가 미치는 효과는 상이하다. (O, X)

59 부동산의 공급탄력성이 0이면 과세에 따른 초과부담이 발생하지 않는다. (O, X)

60 부동산 보유세 인상 시 조세의 자본화에 의하여 부동산 가격이 상승하게 된다. (O, X)

61 토지에 부과된 조세의 자본화의 크기는 기간당 할인율에 비례한다. (O, X)

62 토지에 부과된 조세의 세율이 높을수록 조세의 자본화 정도는 작아진다. (O, X)

63 토지에 부과된 조세부담은 토지 임대사용자에게 귀착된다. (O, X)

64 토지에 부과된 조세로 인한 토지가격의 변동 폭은 부과된 조세의 현재가치보다 크게 나타난다. (O, X)

65 조세의 자본화는 토지와 같이 공급이 고정된 자산에 과세하면 미래 조세부담이 미리 예측되어 가격이 하락하는 현상을 말한다. (O, X)

정답 및 해설

57 X 독점시장에서는 수요의 가격탄력성과 MC곡선의 기울기에 의해 귀착이 달라진다. 엄밀히 말하면 독점시장에서는 공급곡선이 존재하지 않는다.

58 O

59 O

60 X 부동산 공급의 가격탄력성이 완전비탄력적이면 조세부과 시 공급자가 모든 조세부담을 지게 된다. 따라서 소비자는 부담하지 않으므로 부동산 보유세 인상 시 조세의 자본화에 의하여 부동산 가격이 하락하게 된다.

61 X 자본화의 크기는 기간당 할인율에 반비례한다.

62 X 세율이 높을수록 조세의 자본화 정도는 커진다.

63 X 조세부담은 토지 소유자에게 귀착된다.

64 X 토지가격의 변동 폭은 부과된 조세의 현재가치만큼 나타난다.

65 O

66 완전경쟁시장 개별 기업의 수요함수는 P = 220 − Q이고, 공급곡선은 P = 40 + 2Q이다. 이때 60의 종량세를 공급에 부과할 경우 종량세 부과로 발생하는 조세수입은 2,400이다. (O, X)

67 어떤 독점기업의 수요함수는 P = 200 − Q이고, MC는 40이다. 이때 단위당 60의 종량세를 이 기업에 부과할 경우 발생하는 소비자에게 귀착되는 종량세 부담은 1,200이다. (O, X)

정답 및 해설

66 O 1) 최초의 균형가격과 거래량은 220 − Q = 40 + 2Q ➔ 3Q = 180 ➔ Q = 60, P = 160이다.
2) 60의 종량세를 공급에 부과하면 공급곡선은 P = 40 + 2Q + 60 ➔ P = 100 + 2Q가 된다.
3) 조세부과 후 균형을 구하면 220 − Q = 100 + 2Q ➔ 3Q = 120 ➔ Q = 40, P = 180이다.
4) 조세로 인해 발생하는 조세수입은 60 × 40 = 2,400이다.
5) 초과부담은 조세액 × 감소한 거래량 × $\frac{1}{2}$ = 60 × 20 × $\frac{1}{2}$ = 600이다.

67 X 1) 조세부과 전 P = 200 − Q이므로 MR = 200 − 2Q이다.
2) 이윤 극대화 생산량을 구하기 위해 MR = MC로 두면 200 − 2Q = 40 ➔ Q = 80, P = 120이다.
3) 단위당 종량세를 부과하면 한계비용이 100으로 변하게 된다. 조세부과 후 균형은 200 − 2Q = 100 ➔ Q = 50, P = 150이다.
4) 그래프

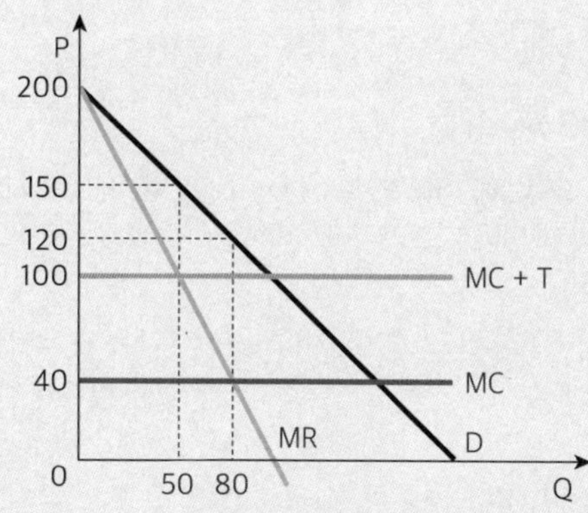

5) 따라서, 소비자에게 귀착되는 종량세 부담은 30 × 50 = 1,500이다.

Topic 22 하버거 모형

개별물품세	개별물품세를 부과한 상품의 가격 상승으로 인한 해당 생산요소의 해고로 조세귀착이 이루어짐
부분요소세	① 부분요소세의 효과는 산출효과와 요소대체효과로 나누어짐 ② 산출효과는 재화의 성격에 따라 달라짐 ③ 요소대체효과는 부분요소세를 부과하는 생산요소의 상대가격이 싸짐
상대가격 변화에 영향을 미치는 요인	① 요소집약도의 차이가 클수록 상대가격비율이 더 큰 폭으로 변화 ② 수요의 가격탄력성이 클수록 상대가격의 변화가 더 커짐 ③ 생산요소 간 대체탄력성이 작을수록 상대가격의 변화가 더 커짐

Topic 22 핵심정리 O/X

01 X재가 자본집약적이고, Y재가 노동집약적 부분일 때 X부문과 Y부문의 노동에 대한 동률의 조세는 그 부담이 모두 노동에 귀착된다. (O, X)

02 X재가 자본집약적이고, Y재가 노동집약적 부분일 때 X재화에 물품세를 부과하면 노동에 대비한 자본의 상대가격을 높이게 된다. (O, X)

03 X재가 자본집약적이고, Y재가 노동집약적 부분일 때 X부문의 자본에 대한 과세는 산출효과를 통해 노동에 대비한 자본의 상대가격을 낮추게 된다. (O, X)

04 X재가 자본집약적이고, Y재가 노동집약적 부분일 때 X부문의 자본에 대한 과세는 요소대체효과를 통해 노동에 대비한 자본의 상대가격을 낮추게 된다. (O, X)

05 X재가 자본집약적이고, Y재가 노동집약적 부분일 때 Y부문의 노동에 대한 과세 시 산출효과와 요소대체효과는 서로 같은 방향으로 작용한다. (O, X)

정답 및 해설

01 O 노동에 대한 일반요소세이므로 노동에 모두 귀착된다.

02 X X재의 상대가격 상승으로 X재의 수요량이 하락함에 따라 X재의 생산이 감소한다. 따라서 X재에 많이 투입되는 생산요소인 자본의 해고가 늘어나게 되어 자본가격이 하락한다. 따라서 자본의 상대가격은 낮아진다.

03 O X재에 대한 자본의 부분요소세는 X재의 가격을 상승시킨다. 이로 인해 X재의 수요량은 감소하여 X재 생산이 줄어들게 되어 X재에 많이 사용되는 자본의 해고가 늘어난다. 따라서 자본의 상대가격이 낮아진다.

04 O

05 O

06 X재가 노동집약재, Y재가 자본집약재일 때 X재 산업에 고용된 자본에 대한 과세는 X재 산업에 종사하는 노동자들에게 그 부담이 귀착된다. (O, ×)

07 X재가 노동집약재, Y재가 자본집약재일 때 X재 산업에 고용된 노동에 대한 과세는 X재 산업은 물론 Y재 산업에 종사하는 노동자에게까지 그 부담이 귀착된다. (O, ×)

08 X재가 노동집약재, Y재가 자본집약재일 때 Y재 산업에 고용된 자본에 대한 과세는 Y재 산업에 종사하는 자본가들에게만 그 부담이 귀착된다. (O, ×)

09 X재가 노동집약재, Y재가 자본집약재일 때 Y재 산업에 고용된 노동에 대한 과세는 Y재 산업에 종사하는 자본 소유자들에게 그 부담이 귀착된다. (O, ×)

10 두 산업 간 요소집약도의 차이가 클수록 상대가격비율은 더 큰 폭으로 변화한다. (O, ×)

11 조세부과의 대상이 된 상품에 대한 수요의 가격탄력성이 클수록 상대가격의 변화가 더 커진다. (O, ×)

12 생산요소 간 대체탄력성이 작을수록 상대가격의 변화는 작아진다. (O, ×)

정답 및 해설

06 X 노동집약재인 X재 산업에 고용된 자본에 대해 조세가 부과되면 산출효과에 의해서는 임금이 낮아지나, 요소대체효과에 의해서는 자본임대료가 낮아지므로 조세부담의 귀착은 요소대체효과와 산출효과의 크기에 따라 달라진다.

07 O

08 X 자본집약재인 Y재 산업에 고용된 자본에 대해 조세가 부과되면 요소대체효과와 산출효과 모두 자본임대료를 낮추는 방향으로 작용하므로 조세부담은 Y재 산업에 고용된 자본뿐만 아니라 X재 산업에 고용된 자본에도 그 부담이 귀착된다.

09 X 자본집약재인 Y재 산업에 고용된 노동에 대해 조세가 부과되면 산출효과에 의해서는 자본임대료가 낮아지나 요소대체효과에 의해서는 임금이 낮아지므로 상대적인 조세부담은 산출효과와 요소대체효과의 상대적인 크기에 의해 달라진다.

10 O

11 O

12 X 생산요소 간 대체탄력성이 크다면 X재 생산에 집약적으로 사용되는 생산요소의 상대가격이 약간만 하락해도 해고된 생산요소가 쉽게 고용될 수 있으나, 대체탄력성이 작다면 생산요소의 상대가격이 크게 하락해야 해고된 생산요소가 다시 고용될 수 있다. 그러므로 요소 간 대체탄력성이 작을수록 요소의 상대가격 변화가 커진다.

13 원천(source) 측면에서 보면 물품세가 부과된 산업에서 집약적으로 사용되고 있는 생산요소의 공급자에게 부담이 귀착된다. (O, X)

14 사용(use) 측면에서 보면 과세되는 상품을 상대적으로 더 많이 소비하고 있는 사람일수록 더 많은 부담을 지게 된다. (O, X)

[15 ~ 19] 다음 조건의 하버거 모형에 대한 설명에 O/X로 답하시오.

○ 두 재화 X, Y가 있으며, 생산기술은 1차동차(선형동차)이고 X와 Y의 요소집약도는 동일하다. ○ 모든 시장은 완전경쟁이고 노동과 자본의 부존량은 주어져 있고, 이 생산요소들은 완전한 이동성을 갖는다.

15 X부문과 Y부문에 대한 동일 세율의 물품세는 노동의 상대가격을 낮추게 된다. (O, X)

16 X부문에 물품세를 부과하면 노동에 대비한 자본의 상대가격을 높이게 된다. (O, X)

17 X부문의 자본에 대한 과세는 산출효과를 통해 노동에 대비한 자본의 상대가격을 낮추게 된다. (O, X)

18 X부문의 자본에 대한 과세는 요소대체효과를 통해 노동에 대비한 자본의 상대가격을 낮추게 된다. (O, X)

19 Y부문의 노동에 대한 과세 시 산출효과와 요소대체효과는 서로 같은 방향으로 작용한다. (O, X)

정답 및 해설

13 O

14 O

15 X 동일 물품세의 경우 상대가격의 변화가 일어나지 않아 노동의 상대가격에 변화가 없다.

16 X X부문에 물품세를 부과하는 것은 개별물품세이므로 X재의 상대가격이 상승하여 X재에 고용된 생산요소의 가격을 낮추게 된다. 재화가 어떠한 생산요소를 사용하는지 나와 있지 않으므로 상대가격의 변화는 알 수 없다.

17 X X부문의 자본에 대한 과세는 산출효과를 통해 해당 재화에 집약적으로 고용되는 생산요소의 가격을 낮추게 된다. 재화가 어떠한 생산요소를 사용하는지 나와 있지 않으므로 상대가격의 변화는 알 수 없다.

18 O

19 X Y부문의 노동에 대한 과세 시 요소대체효과는 노동의 상대가격을 낮추지만 산출효과는 재화가 어떠한 생산요소를 사용하는지 나와 있지 않다. 만약 노동집약적 재화라면 산출효과와 요소대체효과는 동일하지만 자본집약재인 경우는 산출효과와 요소대체효과는 반대 방향으로 나타난다.

제8장

조세의 초과부담과 바람직한 조세제도

제 8 장 조세의 초과부담과 바람직한 조세제도

Topic 23 조세의 초과부담

초과부담	조세가 가져오는 실제 부담 - 조세징수액
물품세의 초과부담	공급곡선이 수평인 경우: $\frac{1}{2}t^2\epsilon PQ$
비효율성계수	$\frac{\text{초과부담}}{\text{조세수입}}$
다른 시장이 왜곡되어 있을 때의 초과부담	① 가정: 두 재화는 대체재, 한 시장에 물품세 부과되고 있음, 두 재화의 공급곡선은 모두 수평선의 형태 ② 한 재화에 조세가 부과되고 있는 상황에서 대체재인 소주에 대해서 조세를 부과하면 오히려 경제 전체의 초과부담이 감소할 수도 있음
소득세와 개별소비세	전통적인 견해에서는 소득세가 우월하나, 현대적 견해에서는 소득세가 반드시 우월하다고 보기 어려움

Topic 23 핵심정리 O/X

01 초과부담이 영(0)이란 의미는 조세가 소비활동이나 투자활동에 중립적임을 말한다. (O, X)

02 중립세(lump - sum tax)는 초과부담을 발생시키지 않는다. (O, X)

03 초과부담은 조세가 가져오는 실제의 부담에서 조세징수액을 뺀 것과 그 크기가 같다. (O, X)

04 초과부담은 조세부담의 전가 때문에 발생한다. (O, X)

정답 및 해설

01 O

02 O

03 O

04 X 초과부담은 효율성에 관한 것이고 조세의 전가는 공평성에 관한 것이다. 조세의 전가가 일어나면서도 조세가 효율적일 수도 있고, 조세의 전가가 전혀 일어나지 않음에도 비효율적인 조세가 있다.

05 초과부담은 조세부과로 상대가격이 변화하고, 이로 인해 민간의 의사결정이 영향을 받음으로써 발생한다. (O, X)

06 민간부문의 의사결정에 아무런 영향을 미치지 않는 조세를 중립세라 한다. (O, X)

07 세율이 높으면 초과부담이 줄어들지만 조세수입은 늘어난다. (O, X)

08 수요의 가격탄력성이 클수록 초과부담은 커진다. (O, X)

09 초과부담은 대체효과에 의해 발생하기 때문에 보상수요곡선으로 크기를 측정해야 한다. (O, X)

10 초과부담은 조세부과로 인해 민간부문의 의사결정이 교란되기 때문에 발생한다. (O, X)

11 초과부담은 조세부과로 인한 후생비용이라고 표현할 수 있다. (O, X)

12 종가세는 상대가격에 영향을 주지 않으므로 효율성 면에서 바람직하다. (O, X)

13 종량세는 양(量)을 기준으로 과세하기 때문에 상대가격에 영향을 주지 않으며, 따라서 효율성 면에서 바람직하다. (O, X)

14 수요의 가격탄력성이 클수록 조세수입의 크기는 증가한다. (O, X)

15 상품에 부과된 물품세의 초과부담은 수요의 가격탄력도의 크기에 비례한다. (O, X)

16 수요의 가격탄력성이 클수록 조세의 초과부담은 작아진다. (O, X)

정답 및 해설

05 O

06 O

07 X 세율이 매우 높아지면 조세저항이 강해져 조세수입이 감소할 수 있다.

08 O

09 O

10 O

11 O

12 X 종가세와 종량세 모두 한 재화에 대해서만 과세하면 상대가격에 영향을 준다.

13 X 특정 재화에만 부과되는 종량세는 (예컨대 X재, Y재 두 재화만 있을 경우) 상대가격에 영향을 주며, 이에 따라 대체효과가 발생하여 효율성 면에서 바람직하지 않다.

14 X 조세부과 시 거래량이 줄기 때문에 수요의 가격탄력성이 클수록 조세수입의 크기는 감소한다.

15 O

16 X 수요의 가격탄력성이 클수록 초과부담은 커진다(초과부담은 수요의 가격탄력성에 비례한다).

17 어떤 재화의 시장 수요곡선과 공급곡선이 각각 $Q^D = 1,000 - 5P$, $Q^S = 50$이라고 가정한다. 정부가 이 재화 1단위당 100원의 세금을 소비자에게 부과했을 경우, 사중적 손실(deadweight loss)은 100이다 (단, Q^D: 수요함수, Q^S: 공급함수, P: 가격). (O, ×)

18 보상수요곡선의 탄력성이 클수록 대체효과는 크게 되고 초과부담은 커진다. (O, ×)

19 대체재가 많은 재화일수록 그 재화에 대한 과세로 인해 초래되는 사중손실은 더 커진다. (O, ×)

20 한 상품에 부과된 물품세의 초과부담은 공급의 가격탄력도의 크기에 따라 증가한다. (O, ×)

21 공급곡선이 비탄력적일수록 조세부과에 따른 사중손실이 커진다. (O, ×)

22 수요와 공급 중 하나가 탄력적이거나 모두 탄력적인 재화에 조세를 부과하면, 상대적으로 거래량은 적게 감소하고 사중손실은 커진다. (O, ×)

23 한 상품에 부과된 물품세의 초과부담은 세율의 크기에 따라 증가한다. (O, ×)

24 초과부담(= 사중손실의 크기)은 세율의 제곱에 비례한다. (O, ×)

25 초과부담은 판매량에 비례한다. (O, ×)

26 종가세 부과 시 초과부담은 가격에 비례한다. (O, ×)

27 초과부담의 결정요인은 세율, 수요의 가격탄력성, 과세 전 지출액이다. (O, ×)

정답 및 해설

17 X 공급함수가 $Q^S = 50$으로 주어져 있으므로 공급곡선이 수직선의 형태이다. 공급곡선이 수직선일 때는 조세가 부과되더라도 거래량이 전혀 감소하지 않으므로 사중적 손실도 발생하지 않는다.

18 O

19 O 대체재가 많은 재화일수록 수요의 가격탄력성이 크고 과세로 인해 사중손실이 크다.

20 O

21 X 공급곡선이 비탄력적이면 거래량 축소가 덜 일어나기 때문에 사중손실이 작아진다.

22 X 수요와 공급 중 하나가 탄력적이거나 모두 탄력적인 재화에 조세를 부과하면, 상대적으로 거래량은 크게 감소하고 사중손실은 커진다.

23 O

24 O

25 O

26 O 종가세와 종량세 모두 세금 부과 시 초과부담은 가격에 비례한다.

27 O

28 초과부담은 소득효과와 관계없고 대체효과와 관련 있다. (O, X)

29 완전경쟁시장에서 공급곡선은 완전비탄력적이고 수요곡선이 우하향하는 경우, 그 상품에 대한 조세는 초과부담을 발생시키지 않는다. (O, X)

30 세율이 증가하면 비효율성계수는 커진다. (O, X)

31 근로소득세율이 높아지는 경우 근로소득세의 초과부담이 커진다. (O, X)

32 임금률이 높아지는 경우 근로소득세의 초과부담이 커진다. (O, X)

33 임금총액이 커지는 경우 근로소득세의 초과부담이 커진다. (O, X)

34 노동수요곡선의 탄력성이 작아지는 경우 근로소득세의 초과부담이 커진다. (O, X)

35 보상노동공급곡선의 탄력성이 커지는 경우 근로소득세의 초과부담이 커진다. (O, X)

정답 및 해설

28 O

29 O

30 O 비효율성계수 = 초과부담/조세수입

31 O

32 O

33 O

34 X 근로소득세의 초과부담은 $DWL = \frac{1}{2}t^2 \frac{1}{\frac{1}{e_d} + \frac{1}{e_s}} wL$이다. 따라서 근로소득세율 t, 임금률 w, 임금총액 wL, 노동수요곡선, 보상노동공급곡선의 크기가 커지면 함께 커진다.

35 O

36 A재의 한계비용은 100이고, 보상수요곡선은 $P = 200 - 2Q_a$이다. A재의 공급자에게 단위당 20의 조세를 부과하였을 때 비효율성계수(coefficient of inefficiency)는 0.125이다(단, Q_a: A재의 수량). (O, X)

37 맥주의 보상수요곡선이 $Q_d = 200 - P$이고 공급곡선(Q_s)은 P = 100, 정부가 생산자에게 맥주 단위당 20의 물품세를 부과한다고 가정하자. 이 경우 나타나는 비효율성계수는 0.125이다(단, 모든 가격의 단위는 원이다). (O, X)

38 서로 대체재 관계인 두 상품만 존재하고 이미 그 중 한 상품에 세금이 부과되어 있을 때 다른 상품에 물품세를 부과하면 초과부담이 감소할 수 있다. (O, X)

정답 및 해설

36 O
1) 수요곡선 P = 200 − 2Q와 공급곡선 MC = 100을 연립해서 풀면 200 − 2Q = 100, Q = 50이다.
2) Q = 50을 수요함수에 대입하면 P = 100임을 알 수 있다.
3) 단위당 20의 조세가 부과되면 공급곡선이 단위당 조세액만큼 상방으로 이동하므로 조세부과 이후의 공급곡선 MC = 120이 된다.
4) 수요곡선과 조세부과 후의 공급곡선을 연립해서 풀면 200 − 2Q = 120, Q = 40이다.
5) 이를 수요함수에 대입하면 P = 120이다.
6) 조세부과 이후의 거래량이 40이고, 단위당 조세의 크기가 20이므로 정부의 조세수입은 800이다.
7) 조세부과에 따른 초과부담의 크기는 삼각형의 면적으로 측정되므로 100이다.
8) 그러므로 초과부담의 크기를 조세수입으로 나눈 비효율성계수는 0.125이다.

37 O
1) 수요함수가 P = 200 − Q이고, 공급함수가 P = 100이므로 이를 연립해서 풀면 Q = 100이다.
2) 단위당 20원의 조세가 부과되면 공급곡선이 20만큼 상방으로 이동하므로 조세부과 이후의 공급함수는 P = 120이다.
3) 조세부과 후의 거래량을 구하기 위해 다시 수요함수와 조세부과 후의 공급함수를 연립해서 풀면 200 − Q = 120이므로 Q = 80이다.
4) 단위당 조세액이 20이고, 조세부과 후의 거래량이 80이므로 정부의 조세수입은 1,600이다.
5) 단위당 20원의 조세가 부과되었을 때 거래량이 20단위 감소하므로 초과부담은 $\frac{1}{2} \times 20 \times 20 =$ 200이다.
6) 초과부담이 200이고, 조세수입이 1,600이므로 초과부담을 조세수입으로 나눈 비효율성계수는 0.125로 계산된다.

38 O

39 조세수입이 동일한 경우, 두 재화보다는 한 재화에 세금을 부과할 때 초과부담이 작아진다. (O, X)

40 개별물품세가 부과되어도 수요량이 변하지 않으면 초과부담은 존재하지 않는다. (O, X)

41 두 재화가 대체관계인 경우, X재에 조세가 부과된 상태에서 Y재에 조세를 부과하면 Y재의 과세에 따른 왜곡의 발생으로 반드시 경제 전체의 초과부담은 늘어난다. (O, X)

42 두 재화가 완전보완재인 경우, 한 재화에 과세하면 경제 전체의 초과부담은 0(zero)이다. (O, X)

43 이윤세 부과는 독점기업의 균형생산량을 감소시킨다. (O, X)

44 이윤세 부과는 완전경쟁기업의 장 & 단기 균형생산량에는 영향을 미치지 않는다. (O, X)

45 보조금 지급으로 소비량이 증가하는 경우에는 초과부담이 발생하지 않는다. (O, X)

46 보상수요곡선은 가격의 변화에 따른 대체효과만을 가지고 그린 수요곡선이다. (O, X)

47 정상재의 가격이 인상될 때 보상수요곡선하에서의 소비량의 변화는 보통수요곡선의 경우에 비해 작게 나타난다. (O, X)

48 초과부담 계산을 정확히 하기 위해서는 수요곡선은 보통의 수요곡선이 아니라 보상수요곡선을 이용해야 한다. (O, X)

정답 및 해설

39 X 상대가격의 차이가 없도록 두 재화에 부과하면 초과부담이 없어진다.

40 X 개별물품세가 부과되더라도 수요량이 변하지 않는 것은 대체효과와 소득효과가 서로 상쇄될 때이다. 이 경우에도 대체효과가 0인 것은 아니므로 여전히 초과부담이 발생한다. 만약 두 재화가 완전보완재라면 대체효과가 0이므로 물품세가 부과되더라도 초과부담이 발생하지 않는다.

41 X 한 시장이 왜곡되어 있으면 경제 전체의 초과부담이 감소할 수도 있다.

42 O

43 X 이윤세는 효율성을 만족하면서 세금의 전가도 일어나지 않는 바람직한 조세이다. 효율성을 만족한다는 것은 경제주체의 행위 변화가 없다는 것이므로 이윤세 부과는 독점기업의 균형생산량을 감소시키지 않는다.

44 O

45 X 보조금도 세금과 마찬가지로 일반적인 경우에 비효율성을 야기한다.

46 O 보통(= 통상)수요곡선은 소득효과와 대체효과를 모두 반영하는 수요곡선이고, 보상수요곡선은 대체효과만을 반영한 수요곡선이다.

47 O 정상재의 경우 가격이 인상되면 대체효과와 소득효과 모두 생산량을 감소시킨다. 결과적으로 보통수요곡선이 보상수요곡선보다 완만하다.

48 O

49 정액세(lump – sum tax)는 소비자의 최적 소비 결정에 영향을 미치지 못한다는 차원에서 중립적이라 할 수 있으며 효율성 측면에서 바람직하다. (O, X)

50 물품세 과세 이후에 소비량의 변화가 없다면 초과부담은 존재하지 않는다. (O, X)

51 완전보완재인 두 상품 X와 Y 중에서 상품 Y에 종가세를 부과할 때 초과부담은 존재하지 않는다. (O, X)

52 여가를 포함한 모든 상품에 일정한 세율의 물품세를 부과할 수 있을 때 초과부담은 발생한다. (O, X)

53 정액세는 초과부담을 수반하지 않기 때문에 형평성 측면에서 우월한 조세이다. (O, X)

54 초과부담은 조세부과 시 발생하는 소득 변화에 의해 나타나는 납세자 선택의 왜곡현상을 의미한다. (O, X)

55 서로 다른 재화에 대해 조세징수액이 같으면 초과부담의 크기는 동일하게 나타난다. (O, X)

56 초과부담은 조세부과로 인해 상대가격이 변하는 경우 대체효과에 의해 나타난다. (O, X)

57 조세부과로 인하여 소득효과와 대체효과가 상반된 방향으로 작용하여 상쇄되면 수요량의 변화가 없게 되어 초과부담은 발생하지 않는다. (O, X)

58 초과부담은 조세부과로 인해 발생하는 소비자잉여와 생산자잉여의 감소분을 합한 것이다. (O, X)

정답 및 해설

49 O

50 X 물품세 과세 이후에 소비량의 변화가 없다 하더라도 대체효과로 인해 초과부담이 발생할 수 있다.

51 O

52 X 여가에 물품세를 부과할 수 없기 때문에 초과부담이 발생한다. 여가에도 물품세를 부과할 수 있다면, 초과부담이 발생하지 않는다.

53 X 정액세는 효율성 측면에서 우월한 조세이다.

54 X 초과부담은 조세부과 시 발생하는 가격 변화에 의해 나타나는 납세자 선택의 왜곡현상을 의미한다.

55 X 탄력성이 동일해야 초과부담의 크기가 동일하다.

56 O

57 X 초과부담의 측정은 보상수요곡선으로 해야 한다. 즉 대체효과가 발생하면 소득효과와 관계없이 초과부담은 발생한다.

58 X 초과부담은 조세부과보다 추가적으로 발생하는 소비자잉여와 생산자잉여의 감소분을 합한 것이다.

59 물품세의 최적 과세는 초과부담을 최소화시키는 과세를 의미한다. (O, ×)

60 물품세의 초과부담은 소비자가 지불하는 가격과 생산자가 수취하는 가격이 달라지기 때문에 발생한다. (O, ×)

61 물품세의 초과부담은 수요의 가격탄력성이 클수록 증가한다. (O, ×)

62 보상수요의 가격탄력성이 0인 경우에는 물품세 부과로 인한 가격 상승이 보상수요량에 아무런 변화도 주지 않고 초과부담도 없다. (O, ×)

63 어떤 재화의 시장에서 공급곡선이 수평이고 수요곡선이 우하향하며 직선인 경우 재화의 초기 균형가격은 P_1, 물품세의 세율은 t, 물품세 과세 이전과 이후의 균형소비량(산출량)은 각각 Q_1과 Q_2, 그리고 보상수요의 가격탄력성을 e로 나타내면 물품세의 과세로 인한 초과부담은 $\frac{1}{2}e(P_1Q_2)t^2$이 된다. (O, ×)

64 시장균형에서 A상품의 소비량이 1,000이고 가격이 1,000이며, 수요와 공급의 가격탄력성이 각각 1/10, 1/10이다. 10%의 종가세가 부과되었을 때, 조세로 인한 사중손실의 크기는 500이다. (O, ×)

정답 및 해설

59 O

60 O

61 O

62 O

63 X 위의 조건을 이용하면 최초의 거래량이 반영되므로 물품세의 과세로 인한 초과부담은 $\frac{1}{2}e(P_1Q_1)t^2$이 된다.

64 X 1) 수요와 공급곡선의 탄력성이 다른 경우 초과부담의 공식은 다음과 같다.

$$\frac{1}{2}t^2\frac{1}{\frac{1}{\text{수요의가격탄력성}}+\frac{1}{\text{공급의가격탄력성}}}PQ$$

2) 위 공식에 대입하면 $\frac{1}{2}\times(0.1)^2\times\frac{1}{\frac{1}{\frac{1}{10}}+\frac{1}{\frac{1}{10}}}\times1{,}000\times1{,}000=250$이다.

Topic 24 최적 물품세

램지 규칙	모든 상품의 수요량 감소율을 동일하게 설정해야 함
역탄력성 원칙	① $\frac{t_X}{t_Y} = \frac{\epsilon_Y}{\epsilon_X}$ ② 탄력적일수록 낮은 세율, 비탄력적일수록 높은 세율 설정
콜렛 - 헤이그 규칙	여가와 보완재인 재화는 높은 세율, 여가와 대체재인 재화는 낮은 세율을 부과함

Topic 24 핵심정리 O/X

01 조세의 초과부담은 조세수입에서 후생 감소분을 차감한 것이다. (O, X)

02 가격 변화에 둔감한 재화에 대한 과세는 상대적으로 초과부담을 적게 발생시킨다. (O, X)

03 다른 조건이 일정한 경우 대체재가 많은 재화에 과세하면 그렇지 않은 경우에 비해 조세의 초과부담이 작다. (O, X)

04 정액세 부과는 소득효과가 없기 때문에 초과부담을 발생시키지 않는다. (O, X)

05 인두세는 단기적으로 대체효과가 발생하지 않는다는 점에서 왜곡이 없는 조세이지만, 소득에 대해 역진적이기 때문에 공평하다고 말할 수 없다. (O, X)

06 고가의 부동산 거래에 고율 과세하는 경우에 초과부담이 발생한다. (O, X)

07 부유층이 주로 소비하는 재화에 10%의 소비세를 부과하는 경우 초과부담이 발생한다. (O, X)

정답 및 해설

01 X 초과부담은 조세로 인한 조세부담 외 후생 감소분을 의미한다.

02 O

03 X 대체재가 많은 재화는 탄력적이므로 과세 시 초과부담이 크다.

04 X 대체효과가 없기 때문에 초과부담을 발생시키지 않는다.

05 O

06 O

07 O

08 공급은 완전비탄력적이고 수요는 완전탄력적일 때, 생산자에게 과세하는 경우 초과부담이 발생한다. (O, X)

09 대기오염을 발생시키는 제품의 사회적 최적 수준에서 한계환경피해비용과 세율이 같아지는 경우에 초과부담이 발생하지 않는다. (O, X)

10 두 재화가 완전보완재인 경우 그 중 한 재화에 대한 과세는 초과부담을 발생시킨다. (O, X)

11 파레토 최적 조건을 위반하지 않으면서 세수를 거둘 수 있는 조세는 정액세(lump-sum tax)이다. (O, X)

12 여가를 포함한 모든 상품에 동일한 세율로 조세를 부과하면 초과부담이 발생하지 않는다. (O, X)

13 램지 규칙은 파레토 효율적 조세가 아닌 차선의 조세를 찾는 이론이다. (O, X)

14 최적 물품세란 주어진 조세수입목표를 달성하면서 자원배분의 왜곡을 가져오지 않는 조세구조이다. (O, X)

15 램지 조세는 일정 조세수입을 확보하면서 초과부담을 최소화시키는 물품세가 어떤 특성을 가지고 있는지를 보여준다. (O, X)

16 램지 규칙은 주어진 조세수입목표를 달성하는 가운데 초과부담을 최소화할 때 실현된다. (O, X)

17 램지 규칙에 따른 최적의 세율구조는 보상수요곡선을 전제로 한다. (O, X)

정답 및 해설

08 X 공급이 완전비탄력적인 경우 소비량이 변하지 않으므로 초과부담이 발생하지 않는다.

09 O

10 X 두 재화가 완전보완재인 경우 소비비율이 정해져 있으므로 초과부담이 발생하지 않는다.

11 O 정액세는 대체효과와 초과부담이 발생하지 않는다.

12 O

13 O 램지 규칙은 과세함에 있어 비효율성이 야기되는 것을 인정하고 비효율성을 최소화하는 차선의 조세를 찾는 이론이다.

14 X 최적 물품세는 자원배분의 왜곡을 인정하되, 이를 최소화시키려는 조세구조이다.

15 O

16 O

17 O

18 콜렛-헤이그 규칙은 해당 재화의 수요의 가격탄력성에 따라 차등적인 물품세를 부과해야 성립한다. (O, ×)

19 역탄력성 규칙은 역진성을 초래하는 한계가 있다. (O, ×)

20 램지 규칙은 재화 간 조세수입의 한계초과부담을 일치시키는 과정에서 도출된다. (O, ×)

21 과세 후 총초과부담을 극소화하기 위하여 (최적 물품세 구조에서는) 각 상품에서 거둬들이는 조세수입의 한계초과부담(marginal excess burden)이 서로 같아지도록 세율을 결정하여야 한다. (O, ×)

22 램지 규칙에 따르면 최적 물품세는 모든 상품의 소비 감소량이 같도록 부과되어야 한다. (O, ×)

23 램지 조세는 각 상품의 보상수요의 감소비율이 모든 재화에 대해 서로 동일하도록 부과되어야 함을 보여준다. (O, ×)

24 램지(F. Ramsey) 규칙에 따르면 최적 조세제도는 모든 상품의 수요를 같은 비율로 감축시키는 조세체계이다. (O, ×)

25 여가를 포함한 모든 재화에 동일한 세율을 적용할 때 효율성이 극대화된다. (O, ×)

26 램지 법칙(Ramsey rule)에 의하면 일반소비세가 개별소비세보다 더 효율적이다. (O, ×)

27 초과부담을 최소화하기 위해서 조세의 가격에 대한 비율(물품세율)은 보상수요의 가격탄력성에 비례해야 한다. (O, ×)

정답 및 해설

18 X 여가와 보완재인 재화에 높은 세율을 부과하자는 것이다.

19 O

20 O

21 O 최적 물품세는 한계초과부담이 같아지도록, 즉 초과부담의 총합이 극소화되도록 세율이 결정되어야 한다.

22 X 램지 규칙에 따르면 최적 물품세는 모든 상품의 소비 감소비율이 같도록 부과되어야 한다.

23 O

24 O

25 O 여가에 세율 적용이 가능하다면 옳은 지문이다. 다만, 여가에 세금을 부과할 수 없기 때문에 모든 재화에 동일한 세율을 적용한다는 것이 불가능하다. 그렇기 때문에 램지 규칙에 따르면 재화에 차등세율을 부과함으로써 효율성을 극대화시킨다.

26 X 램지 법칙에 따르면 다른 재화에 동일의 세율을 부과하는 것(일반소비세)보다 차등의 세율을 부과하는 것(개별소비세)이 최적이다.

27 X 초과부담을 최소화하기 위해서 조세의 가격에 대한 비율은 보상수요의 가격탄력성에 반비례하여야 한다(역탄력성 규칙).

28 램지 원칙에 의하면, 생활필수품은 수요가 가격에 대하여 비탄력적이기 때문에 상대적으로 높은 세율이 부과된다. (O, X)

29 램지 원칙에 의하면, 수요의 가격탄력성과 관계없이 모든 재화에 대해서 동일한 세율이 적용된다. (O, X)

30 램지 원칙에 의하면, 사치품은 수요가 가격에 대해서 탄력적이기 때문에 상대적으로 높은 세율이 부과된다. (O, X)

31 램지 원칙은 공평성의 제고를 위한 과세 원칙이다. (O, X)

32 램지 원칙은 효율성을 고려한 과세 원칙이다. (O, X)

33 역탄력성 원칙이 램지 원칙에 비해 일반적인 원칙이다. (O, X)

34 역탄력성 원칙에 따르면 효율성을 제고하기 위해서 수요의 가격탄력성에 반비례하게 과세하여야 한다. (O, X)

35 역탄력성 원칙에 따르면 필수재에 대해서는 높은 세율로 과세하여야 한다. (O, X)

36 램지 원칙에 따르면 모든 상품의 보상수요량에 똑같은 비율의 감소가 일어나도록 세율구조를 만들어야 한다. (O, X)

37 램지 규칙은 가격탄력성이 낮은 물품에 대하여는 높은 세율을 부과하고, 소득탄력성이 낮은 물품에 대하여도 높은 세율을 부과해야 한다. (O, X)

정답 및 해설

28 O

29 X 탄력성에 반비례하게 세율을 책정해야 한다.

30 X 탄력적인 제품은 낮은 세율이 부과된다.

31 X 효율성의 제고를 위한 과세 원칙이다.

32 O

33 X 램지 규칙으로부터 역탄력성 원칙이 유도되므로 램지 규칙이 역탄력성 원칙보다 일반적인 원칙이라고 볼 수 있다.

34 O

35 O

36 O

37 X 램지 규칙은 소득탄력성과 관련이 없다.

38 두 재화 A와 B의 보상수요의 가격탄력성은 각각 3과 0.3이다. A재 가격은 1,000원, B재 가격은 500원이다. A재의 가격에 10%의 세금을 부과하였을 때, 효율성 상실을 극소화하기 위해서는 B재에 300원의 세금을 부과하면 된다(단, A, B 두 재화는 서로 독립재이며 두 재화의 공급곡선은 완전탄력적이다). (O, X)

39 최적 물품세 이론에 의하면 생필품일수록 낮은 세율을 부과해야 한다. (O, X)

40 램지는 상품수요의 탄력성의 격차가 크다면 개별소비세가 일반소비세보다 더 효율적일 가능성도 있다고 주장한다. (O, X)

41 램지 조세는 조세의 효율성과 공평성이 상충될 수 있음을 보여준다. (O, X)

42 소득계층 간 소비패턴에 큰 차이가 있다면 가난한 사람이 주로 사용하는 상품에 높은 세율을 부과할 때 재분배효과를 기대할 수 있다. (O, X)

43 콜렛 – 헤이그(Corlett – Hague) 규칙에 의하면 여가에 보완적인 상품과 서비스에 대한 과세를 통해 간접적으로 여가에 과세가 가능하다. (O, X)

44 콜렛 – 헤이그 규칙에 의하면 효율성 제고를 위해서는 여가에 대해서도 과세를 해야 한다. (O, X)

45 콜렛 – 헤이그 규칙은 여가에 대한 직접적인 과세가 불가능한 경우의 원칙이다. (O, X)

46 콜렛 – 헤이그 규칙에 의하면 여가에 보완적인 상품에 대해 보다 높은 세율로 과세하는 것이 바람직하다. (O, X)

정답 및 해설

38 X 역탄력성 원칙에 의하면 초과부담을 극소화하려면 $\frac{t_A}{t_B} = \frac{\epsilon_B}{\epsilon_A}$의 관계가 성립하게끔 각 재화에 대한 세율을 설정해야 한다. 이 식에 문제에 주어진 수치를 대입하면 $\frac{0.1}{t_B} = \frac{0.3}{3}$ → $t_B = 1$로 계산된다. 즉, B재에 대해서는 가격의 100%에 해당하는 500원의 세금을 부과해야 한다.

39 X 생필품은 가격탄력성이 낮기 때문에 높은 세율을 부과해야 한다.

40 O 탄력성의 격차가 크다면 차등세율을 두는 개별소비세가 일반소비세보다 더 효율적일 수 있다.

41 O 가격탄력성이 낮은 재화(필수재 등)에 고율의 세금이 부과되므로 효율성과 공평성이 상충될 수 있다.

42 X 소득계층 간 소비패턴에 큰 차이가 있다면 재분배효과를 얻기 위해서는 저소득층이 주로 사용하는 상품에는 낮은 세율로, 고소득층이 주로 사용하는 재화에 대해 높은 세율로 조세를 부과해야 한다.

43 O

44 O

45 O

46 O

47 콜렛-헤이그 규칙은 동일한 세율을 적용하는 소득세가 세율의 차등을 두는 물품세보다 우월할 수 있다는 것이다. (O, X)

48 콜렛-헤이그 규칙에 의하면 여가와 보완재 관계에 있을수록 세율이 높아야 한다. (O, X)

49 콜렛-헤이그 원칙에 따르면 여행사의 서비스 제공에 관한 컴퓨터의 세율이 업무용 컴퓨터에 대한 세율보다 높아야 한다. (O, X)

50 콜렛-헤이그 법칙에 따르면, 세율은 그 상품의 소득탄력성에 반비례하여야 한다. (O, X)

51 콜렛-헤이그 규칙은 각 상품에 적용되는 물품세의 세율을 수요의 가격탄력성에 반비례하도록 정하는 것이다. (O, X)

52 콜렛-헤이그 규칙은 효율성 측면뿐만 아니라 공평성 측면에서도 소득세와 간접세의 우월성을 판단하는 데 기여하고 있다. (O, X)

정답 및 해설

47 X 일반물품세보다 개별물품세가 더 우월할 수 있음을 보여준다.

48 O

49 O

50 X 콜렛-헤이그 법칙은 소득탄력성, 가격탄력성 등과 관련이 없다.

51 X 램지 규칙에 대한 설명이다.

52 X 최적 물품세 이론(램지, 콜렛-헤이그 원칙)은 공평성 측면을 고려하지 않는다.

Topic 25 최적 소득세

최적 선형소득세	한계세율이 높을수록 초과부담이 커지고, 정액증여가 커질수록 재분배효과가 커짐
스턴의 연구	① 불평등에 대한 혐오감 지표의 절댓값이 클수록 ② 노동공급이 비탄력적일수록, 조세수입목표가 클수록 → 최적 한계세율은 높음 ③ 사회구성원의 능력 차이가 클수록
최적 비선형소득세	① 최고소득 구간의 한계세율을 0으로 잡으면 사회 전체적 효용이 커짐 ② 최고소득 구간에 대한 한계세율이 0으로 낮아지더라도 그보다 소득 수준이 낮은 개인의 효용 수준은 영향을 받지 않을 것이기 때문

Topic 25 핵심정리 O/X

01 최적 소득세란 효율성 상실이 최소화되면서도 그 부담의 공평성도 이룰 수 있는 소득세를 말한다. (O, X)

02 비선형누진세는 한계세율이 평균세율보다 높다. (O, X)

03 비선형누진세는 한계세율과 평균세율이 동시에 변화한다. (O, X)

04 선형누진세는 한계세율과 평균세율이 변화하지 않는다. (O, X)

05 선형누진세는 비선형누진세에 비해 상대적으로 고소득층에게 유리할 수도 있다. (O, X)

06 선형누진세는 면세점을 두고 있다. (O, X)

07 어떤 사람의 소득이 2,000만원, 소득세율은 30%, 정액증여(lump - sum grant)가 500만원이라고 하자. 이때 선형누진세에 의한 조세부담액은 200만원이다. (O, X)

정답 및 해설

01 O

02 O

03 O

04 X 누진세는 한계세율이 일정하더라도 평균세율보다 한계세율이 높아 평균세율이 증가해야 한다.

05 O

06 O

07 X $T = -a + tY$에서 정액증여 $a = 500$만원, 세율 $t = 0.3$, 소득 $Y = 2,000$만원인 경우 조세부담액은 $T = -500$만원 $+ (0.3 \times 2,000$만원$) = 100$만원으로 계산된다.

08 멀리즈(J. Mirrlees)의 최적 비선형소득세에서는 최고소득 구간에 대한 한계소득세율은 0(zero)이다. (O, X)

09 멀리즈에 의하면 공평성 측면에서 저소득층의 한계세율을 낮추고, 효율성 측면에서 고소득층의 세율을 낮추면 최적 소득세는 선형누진세와 비슷해진다. (O, X)

10 멀리즈의 최적 비선형소득세에서는 한계소득세율이 항상 1보다 작다. (O, X)

11 멀리즈의 최적 비선형소득세에서는 임금률이 낮은 개인이 높은 개인보다 더 큰 효용을 누릴 수도 있다. (O, X)

12 스턴(N. Stern)에 따르면 최적 선형누진소득세제하에서는 평등성에 대한 선호도가 클수록 세율은 높아야 한다. (O, X)

13 스턴에 따르면 최적 한계세율은 사회후생함수의 형태에 따라 달라진다. (O, X)

14 스턴에 따르면 사회구성원들의 불평등회피도가 작을수록 선형누진소득세제하에서 세율은 낮아야 한다. (O, X)

15 스턴의 최적 과세 모형에 의하면 노동공급의 탄력성이 작을수록 높은 세율을 책정하여야 한다. (O, X)

16 스턴에 따르면, 소득과 여가 간 대체탄력성이 클수록 최적 소득세율은 커진다. (O, X)

17 스턴의 최적 소득세 모형에 의하면 노동공급이 탄력적일수록 한계세율이 낮아져야 한다. (O, X)

정답 및 해설

08 O

09 O

10 O

11 X 최적 비선형소득세가 부과되면 임금률이 높은 사람이 더 많은 세금을 납부하지만 납세 후 소득은 여전히 임금률이 높은 개인이 더 많다. 그러므로 최적 비선형소득세가 부과되더라도 임금률이 높은 개인의 효용 수준이 임금률이 낮은 개인보다 높다.

12 O

13 O

14 O

15 O 노동공급의 가격탄력성이 낮다는 것은 노동공급이 비탄력적이라는 것이므로 높은 세율을 부과한다.

16 X 스턴에 따르면 소득과 여가 간 대체탄력성이 클수록 최적 소득세율은 작아진다.

17 O

18 스턴의 최적 선형누진세에 따르면, 공평성을 선호할수록 최고한계세율이 낮아진다. (O, X)

19 최적 한계세율은 각 개인 간 능력 차이와 역(逆)의 관계에 있다. (O, X)

20 사드카(Sadka)와 시어드(Searde)에 의하면 최적 소득세는 소득이 증가할수록 한계세율이 지속적으로 높아지는 구조를 갖는다. (O, X)

21 사드카와 시어드에 의하면 비선형 최적 과세하에서 최고소득 수준의 한계세율은 0이다. (O, X)

22 최적 비선형누진소득세의 이론에 의하면 가장 높은 소득 수준에 대한 한계세율이 가장 높아야 하는 것은 아니다. (O, X)

23 에지워스(Edgeworth)의 최적 소득세 모형에 의하면 일정 이상의 소득에 대해서는 100%의 한계세율이 적용된다. (O, X)

정답 및 해설

18 X 공평성을 선호할수록 최고한계세율이 높아진다.

19 X 최적 한계세율은 각 개인 간의 능력 차이와 정(正)의 관계에 있다.

20 X 사드카와 시어드에 의하면 최적 소득세의 마지막 구간에서의 한계세율은 0이 되어야 한다.

21 O 사드카와 시어드에 의하면, 비선형 최적 과세하에서는 차등세율이 부과되고, 최고소득 수준의 한계세율이 0이면 다른 소득자의 효용변화 없이, 최고소득자의 효용이 증가함으로써 파레토 개선이 일어날 수 있어 바람직하다고 본다.

22 O

23 O

제9장

조세제도

제 9 장 조세제도

Topic 26 소득세

헤이그 - 사이먼즈의 포괄적 소득세제	① 발생주의, 실현 여부와 관계없이 경제적 능력을 증가시키는 것을 모두 소득으로 봄 ② 포괄적 소득 = 소비 + 순자산 증가분
현실의 소득세제	미실현자본이득, 이전소득, 귀속임대료 포함 안 됨
공제	① 소득공제는 한계세율에 영향을 주지만, 세액공제는 영향을 주지 않음 ② 소득공제는 고소득층, 세액공제는 저소득층에 유리
과세단위	가족단위과세는 수평적 공평성을 추구할 수 있으나 결혼 중립성을 침해할 수 있음
인플레이션	실질적인 이자소득세 부담이 상승하고 세후 실질수익률이 하락하는 현상 발생
지출세	① 인세이며 누진세 가능 ② 저축을 우대함으로써 고소득층에게 유리함

Topic 26 핵심정리 O/X

〈포괄적 소득세제 - 헤이그 - 사이먼즈〉

01 소득은 일정 기간 동안 발생한 개인의 경제적 능력의 순증가분을 말한다. 따라서 과거에 축적된 부는 소득에서 제외한다. (O, X)

02 헤이그 - 사이먼스(Haig - Simons) 소득은 두 시점 사이에서 발생하는 경제적 순증가의 화폐가치이다. (O, X)

03 헤이그 - 사이먼스의 견해에 따르면 발생된 자본이득은 매매를 통해 실현되지 않아도 과세되어야 한다. (O, X)

정답 및 해설

01 O 경제적 능력의 순증가분을 소비와 순가치의 변화분으로 표현할 수 있다.

02 O

03 O 포괄적 소득세제는 발생주의이다.

04 헤이그-사이먼스의 견해에 따르면 미실현자본이득은 모두 과세대상에 포함되지만 귀속소득은 과세대상에 포함되지 않는다. (O, X)

05 헤이그-사이먼스의 견해에 따르면 자가 주택으로부터의 귀속임대료(imputed income)는 명목적인 소득이기 때문에 과세소득에 포함되지 않는다. (O, X)

06 헤이그-사이먼스의 견해에 따르면 배당금에 대해서는 소득세가 과세되나 자본이득은 과세대상이 아니다. (O, X)

07 헤이그-사이먼스의 견해에 따르면 포괄적 소득세제하에서는 유동성 문제가 발생하지 않는다. (O, X)

08 헤이그-사이먼스의 견해에 따르면 발생 원천과 사용 용도가 다른 소득이라도 동일하게 취급한다. (O, X)

09 헤이그-사이먼스의 견해에 따르면 소비할 수 있는 능력을 증가시키는 것이면 소득으로 간주한다. (O, X)

10 헤이그-사이먼스의 견해에 따르면 정부가 저소득층에게 지급하는 생계비는 과세대상 소득에 포함되지 않는다. (O, X)

11 포괄적 소득세제는 세원과 관계없이 소득이 동일한 사람은 동일한 세금을 납부하므로 수평적 공평성에 문제가 발생한다. (O, X)

12 헤이그-사이먼스의 견해에 따르면 개인의 경제적 능력을 높이는 것은 모두 과세대상에 포함되므로 동결효과(lock-in effect)가 발생하는 문제점이 있다. (O, X)

정답 및 해설

04 X 귀속소득 또한 포괄적 소득에 포함된다.

05 X 귀속소득 또한 포괄적 소득에 포함된다.

06 X 자본이득도 과세대상이 된다.

07 X 유동성 문제가 발생할 수 있다.

08 O

09 O

10 X 포괄적 소득세제하에서는 정부의 보조금 또한 경제적 능력이 증가한 것이므로 과세대상 소득에 포함되어야 한다.

11 X 소득이 동일한 사람이 동일한 세금을 납부하므로 수평적 공평성에 문제가 없다.

12 X 동결효과는 발생주의가 아닌 실현주의에서 발생한다. 포괄적 소득세제는 발생주의이므로 관계가 없다.

13 헤이그-사이먼스의 견해에 따르면 소비를 과세대상에 포함하기 때문에 내구재 소비의 경우 소비지출과의 구분이 어렵다. (○, ×)

14 헤이그-사이먼스의 견해에 따르면 저축이 과세대상에 포함되기 때문에 저축과 소비를 구분해야 하는 어려움이 있다. (○, ×)

15 헤이그-사이먼스의 견해에 따르면 법률에서 구체적으로 열거한 소득만을 과세대상으로 하는 것은 포지티브시스템(positive system)이다. (○, ×)

16 헤이그-사이먼스의 견해에 따르면 포괄적 소득세제는 발생주의가 아니라 실현주의에 근거한 소득이다. (○, ×)

17 헤이그-사이먼스의 견해에 따르면 두 시점 사이의 경제적 능력의 순증가분의 화폐가치가 포괄적 소득이다. (○, ×)

18 헤이그-사이먼스의 견해에 따르면 포괄적 소득세제가 시행되면 수평적 공평성은 충족되나 세원이 잠식되는 단점이 있다. (○, ×)

19 각종 공제제도는 포괄적 소득세를 제도화하는 과정에서 나타나는 문제점을 보완하기 위해 도입된 것이다. (○, ×)

〈소득세 - 공제제도〉

20 감면 총규모가 일정할 때, 소득공제를 세액공제로 변경하면 수직적 공평성은 악화된다. (○, ×)

21 누진세율 구조에서 소득공제의 실제 조세감면효과는 대상자의 소득이 클수록 크게 나타난다. (○, ×)

정답 및 해설

13 ○ 내구재는 냉장고, 차와 같이 내구성이 있기 때문에 소비지출은 한 번에 일어나지만 소비는 여러 해에 나누어 이루어진다. 그렇기 때문에 내구재 소비의 경우 소비지출과의 구분이 어려운 단점이 있다.

14 X 저축이 과세대상에 포함되기 때문에 저축과 소비를 구분할 필요가 없다.

15 X 포지티브시스템 → 네거티브시스템

16 X 발생주의에 근거한 소득이다.

17 ○

18 X 세금이 많아지므로 세원이 잠식되지 않는다.

19 ○

20 X 소득공제는 고소득층에게 유리, 세액공제는 저소득층에 유리하다. 따라서 감면 총규모가 일정할 때, 소득공제를 세액공제로 변경하면 저소득층이 유리하므로 수직적 공평성이 좋아질 수 있다.

21 ○

22 어떤 재화 구입비의 소득공제는 해당 재화의 상대가격 변화를 가져올 수 있다. (○, ×)

23 우리나라의 경우 교육비는 세액공제 대상이다. (○, ×)

24 세액공제의 결정액은 한계세율과 관계없다. (○, ×)

25 누진세율구조인 경우 세액공제의 실제 조세감면효과는 대상자의 소득이 클수록 크게 나타난다. (○, ×)

26 소득공제는 담세능력에 따라 과세하고자 하는 것이다. (○, ×)

27 소득공제를 실시하면 파레토 효율성 조건 중의 하나인 교환의 조건을 충족하지 못한다. (○, ×)

28 개인들의 수요에 대한 가격탄력성이 각각 다른 상황에서 특정 경제행위의 장려가 조세감면의 목표라면 소득공제가 세액공제보다 효과적일 수 있다. (○, ×)

29 현재 우리나라 세액공제 사례로 의료비, 정치후원금 등이 있다. (○, ×)

30 세액공제는 한계세율을 인상시킨다. (○, ×)

정답 및 해설

22 ○

23 ○

24 ○

25 X 누진적인 소득세 구조하에서 소득공제는 동일한 금액을 공제해 주더라도 소득이 많은 사람일수록 한계세율이 낮아져 조세감면효과가 크게 나타난다. 그러나 세액공제는 세액을 계산한 후에 일정 금액을 감면해 주는 것이므로 감면효과는 대상자의 소득의 크기와 관계가 없다.

26 ○

27 ○

28 ○

29 ○

30 X 세액공제는 총세액이 나온 후에 공제하는 것이므로 한계세율과는 관계가 없다. 한계세율과 관계있는 것은 소득공제이다.

31 소득공제는 저소득층보다 고소득층에게 유리하다. (O, X)

32 소득공제는 재화의 상대가격 변화를 초래할 수 있다. (O, X)

33 소득 획득에 소요되는 비용을 공제하면 수평적 공평성이 증진될 수 있다. (O, X)

34 비용공제는 수직적 형평을 제고시키기 위해 도입된 제도라 할 수 있다. (O, X)

35 소득공제의 경우 한계세율이 높은 사람일수록 유리하다. (O, X)

36 공제대상의 성격 때문에 소득공제가 역진적이다. (O, X)

37 한계세율은 세액공제에 의해 영향을 받는다. (O, X)

38 근로소득에 대한 세액공제를 없애면 저소득층은 고소득층에 비해 상대적으로 불리해진다. (O, X)

39 누진적인 소득세제하에서 인플레이션은 실질 조세부담을 낮추는 효과를 가진다. (O, X)

40 어떤 근로자의 근로소득은 100만원, 비과세 이자소득은 10만원이다. 소득공제 20만원, 근로소득 세액공제는 5만원이고, 단일세율로 20%를 부과할 때 이 근로자의 실효세율은 10%이다. (O, X)

정답 및 해설

31 O

32 O

33 O

34 X 비용공제는 수평적 형평을 제고시키기 위해 도입된 제도이다.

35 O

36 X 한계세율에 따라 소득공제가 역진적이게 된다.

37 X 한계세율은 소득공제에 의해 영향을 받는다.

38 O 세액공제는 저소득층에게 상대적으로 유리하다.

39 X 누진적인 소득세제하에서 인플레이션이 발생함에 따라 명목소득이 증가하면 더 높은 한계세율을 적용받게 되므로 실질적인 조세부담이 증가한다.

40 O 근로소득과 이자소득을 합한 총소득은 110만원이나 이자소득 10만원은 비과세대상이고 소득공제가 20만원이므로 과세표준은 80만원이다. 과세표준이 80만원이고, 세율이 20%이므로 산출세액은 16만원이다. 그런데 근로소득 세액공제가 5만원이므로 실제로 납부해야 할 세액은 11만원이 된다. 총소득이 110만원이고, 실제 납부해야 할 세액은 11만원이므로 실효세율$\left(=\frac{\text{납세액}}{\text{총소득}}\right)$은 10%이다.

〈소득세 – 과세단위〉

41 개인단위과세는 각 납세자의 지불능력을 잘 반영하는 특징을 가지고 있다. (O, X)

42 부부합산과세는 가족이 경제활동의 기본단위라는 인식에 기반하고 있다. (O, X)

43 부부합산과세의 경우, 주 소득원과 그 배우자가 각각 직면한 한계세율은 동일하다. (O, X)

44 개인단위과세의 경우, 주 소득원과 그 배우자가 각각 직면한 한계세율은 상이하다. (O, X)

45 비탄력적인 부분에 높은 세율을 부과한다는 램지 원칙에 개인단위과세보다 부부합산과세가 더 잘 부합한다. (O, X)

46 결혼세의 문제는 세율체계의 누진성 때문에 발생한다. (O, X)

47 누진소득세를 채택하는 경우 세율체계의 누진성, 조세부담의 형평성, 결혼에 대한 중립성은 동시에 달성될 수 없다. (O, X)

48 소위 결혼 벌금은 개인을 과세단위로 하는 경우에 나타나는 현상이다. (O, X)

49 개인을 과세단위로 선택하면 결혼에 대한 결정을 교란하는 문제가 발생한다. (O, X)

정답 및 해설

41 O

42 O

43 O

44 O

45 X 램지 원칙은 최적 물품세에 해당한다.

46 O

47 O

48 X 결혼 벌금은 가족단위과세 혹은 부부합산과세의 경우에 나타난다.

49 X 결혼이 과세에 영향을 주지 않으므로 과세단위가 결혼에 영향을 주지 않는다.

50 만약 소득세가 누진세율이 아닌 비례세율로 과세된다면 결혼 벌금의 현상은 발생하지 않을 것이다. (○, ×)

51 부부합산과세는 2차 소득자(부소득자)의 근로의욕에 나쁜 영향을 미친다. (○, ×)

52 가계를 과세단위로 삼을 경우 소득과 기타조건이 동일한 가족은 똑같은 세금을 낸다는 뜻에서 수평적 공평성이 충족되어야 한다. (○, ×)

53 로젠이 제시한 바람직한 소득세의 조건에서 동일한 소득의 가족에게는 똑같은 세금을 부과하는 수평적 공평성이 충족되어야 한다. (○, ×)

54 로젠이 제시한 바람직한 소득세의 조건에서 합산과세방식은 가족 간 수직적 공평성 조건을 충족하나 수평적 공평성과 결혼 중립성 조건은 충족하지 못한다. (○, ×)

55 로젠이 제시한 바람직한 소득세의 조건에서 결혼 여부가 두 개인의 조세부담을 변화시켜서는 안 된다. (○, ×)

56 로젠이 제시한 바람직한 소득세의 조건에서 납세자 간 분리과세방식은 결혼 중립성 조건을 충족하나 가족 간 수평적 공평성은 충족하지 못한다. (○, ×)

57 로젠이 제시한 바람직한 소득세의 조건에서 소득이 증가함에 따라 한계소득세율이 증가하는 수직적 공평성이 충족되어야 한다. (○, ×)

정답 및 해설

50 ○

51 ○

52 ○

53 ○

54 × 합산과세방식으로 소득세를 부과하면 동일한 소득의 가구는 동일한 금액의 소득세를 납부하므로 수평적 공평성이 충족된다. 그러나 합산과세방식하에서는 결혼 여부에 따라 세 부담이 달라지므로 결혼의 중립성 조건은 충족되지 않는다.

55 ○

56 ○

57 ○

58 한계세율이 소득액 5,000만원까지는 10%, 5,000만원 초과금액에 대해서는 30%일 때, 두 부부의 소득과 소득세액은 아래와 같다. 이 경우 부부의 결혼 중립성과 수평적 공평성은 충족된다(단, 소득공제는 없다). (O, X)

부부		개인소득	과세단위별 소득세액	
			개인 기준	가족 기준
A	유OO	0.5억원	500만원	5,000만원
	이OO	1.5억원	3,500만원	
B	박OO	1억원	2,000만원	5,000만원
	전OO	1억원	2,000만원	

〈지출세(개인소비세)〉

59 칼도는 임금소득에 대해 과세하는 것보다 소비행위에 과세하는 것이 더 바람직하다고 주장하였다. (O, X)

60 소득 중에서 저축된 부분은 개인소비세의 과세대상에서 제외된다. (O, X)

61 지출세는 저축을 과세대상에서 제외함에 따라 부유층에 유리한 세제라는 인식이 있다. (O, X)

62 지출세는 동결효과를 발생시키지 않는다. (O, X)

63 지출세는 소비에 대한 조세이므로 그 부담이 역진적이 될 가능성이 매우 높다. (O, X)

64 지출세는 현재소비보다는 미래소비를 우대하는 경향이 있다. (O, X)

정답 및 해설

58 X 1) 결혼 중립성은 결혼 전과 결혼 후의 조세가 같아야 한다는 것을 의미한다. A, B 가족 모두 소득세액이 증가하였으므로 결혼 중립성을 미충족한다.
2) 수평적 공평성이란 동일 소득에 동일 세금을 걷는다는 의미이다. 가족의 소득이 동일하므로 세액도 동일해야 수평적 공평성이 충족된다. 조세액이 동일하므로 수평적 공평성이 충족됨을 알 수 있다.

59 O

60 O

61 O 부유층이 더 저축을 많이 하기 때문이다.

62 O

63 X 지출세는 개인의 일정 기간 동안의 소비지출액을 과세베이스로 누진적으로 과세하는 것이므로 조세부담은 누진적이 되는 것이 보통이다.

64 O 지출세는 저축에 과세하지 않기 때문에 미래소비를 우대하는 경향이 있다.

65 지출세는 일반소비세인 부가가치세와 마찬가지로 물세이다. (O, X)

66 개인소비세(individual consumption tax)는 소비과세이기 때문에 부담구조가 역진적이다. (O, X)

67 개인의 총소비액에서 인적공제 또는 비인적공제 등을 적용할 수 있어 실질적으로 소득세와 유사하게 설계할 수 있다. (O, X)

68 지출세는 누진과세가 가능하다. (O, X)

69 지출세는 호황기에 소비지출을 억제시키는 자동안정화기능을 할 수 있다. (O, X)

70 지출세는 소득세와 달리 과세대상기간에 적립한 저축에 대한 이중과세 문제가 발생하지 않는다. (O, X)

71 지출세는 소득세에 비하여 조세부담에 따른 유동성 문제가 발생한다. (O, X)

72 소득에 대하여 과세하는 것은 근로소득 흐름의 현재가치가 동일하다면 저축자와 차입자 간에 수평적으로 공평한 과세가 된다. (O, X)

73 지출세는 경제 전체를 놓고 보면 소득세보다 과세베이스가 작다. (O, X)

74 지출세는 소득세와는 달리 유동성 문제가 발생할 가능성이 있다. (O, X)

정답 및 해설

65 X 지출세는 직접세이면서 인세이다.

66 X 개인소비세는 세 구조를 편성할 수 있기 때문에 항상 역진적인 것은 아니다.

67 O

68 O

69 O 지출세를 누진세 구조로 편성하면 자동안정화기능을 할 수 있다.

70 O 소득세는 저축에 대한 이중과세 문제가 있다. 지출세는 저축에 대한 이중과세 문제가 없다.

71 O 지출세 혹은 개인소비세는 발생주의의 경우와 같이 유동성 문제가 발생한다. 예컨대, 가진 현금을 다 지출한 후 과세되면 세금을 낼 현금이 없을 수 있다.

72 X 소득에 대하여 과세하면 이자소득세 때문에 저축자가 불리하다.

73 O

74 X 지출세와 소득세 둘 다 유동성 문제가 발생할 가능성이 있다.

Topic 27 법인세와 부가가치세

01 법인세

법인세 존립의견	① **통합주의:** 법인세를 폐지하고 소득세로 걷자는 것 ② **절대주의:** 독립적인 법인세가 존재해야 한다는 것
법인세의 귀착	① 법인부문에 투자된 자본에 대한 과세라는 견해 – 하버거 모형 ② 경제적 이윤에 대한 과세라는 견해 – 기업이 모두 부담함
법인세가 경제적 이윤에 대한 과세가 되는 조건	① 경제적 감가상각률과 세법상 감가상각률이 동일한 상태에서 ② 자기자본의 귀속이자의 경비처리가 가능한 경우 또는 100% 차입경영인 경우
감가상각	이윤을 낮게 해줌으로써 법인세 부담을 줄여줌
인플레이션 시 감가상각 조절방법	① 자본재 가격의 평균 상승 폭을 측정해 감가상각의 허용 폭을 이에 맞춰주는 방식 ② 자본재 가격 상승률을 감안해 법인세제에서 허용해 주는 내용기간을 짧게 만들어주는 방식 등
법인세와 소득세	① **완전통합방식:** 조합방식, 자본이득방식 ② **부분통합방식:** 지불배당공제제도, 귀속제도, 차등세율제도, 수입배당공제법, 수입배당세액공제법

02 부가가치세

다단계 거래세	① 각 생산단계에서의 총판매액 자체가 과세대상 ② 부가가치세와 달리 거래 단계 수가 늘어날수록 세금부담이 늘어나 수직적 통합을 부추기는 문제 발생
부가가치세 유형	소비형, 순소득형, 국내순생산형 부가가치세
산정방식	직접공제방식은 총액, 간접공제방식은 세액을 기준으로 함 ➜ 간접공제방식은 상호견제 가능
면세와 영세율	(아래 표)

구분	면세	영세율
효과	불완전면세	완전면세
매입세액	불공제	공제
목적	조세부담의 역진성 완화	이중과세방지, 수출촉진
적용대상	기초생활필수품, 보건, 교육 관련 재화 등	수출품, 방위산업체 공급하는 물자

Topic 27 핵심정리 O/X

〈법인세〉

01 법인세는 법인소득을 과세대상으로 한다. (○, ×)

02 선입선출법에 따르면 인플레이션은 법인세 부담에 영향을 미친다. (○, ×)

03 우리나라에서는 기업의 부채비중을 높이는 것이 법인세 절감에 유리하다. (○, ×)

04 법인세에서 자본재 구입에 가속상각을 도입하면 투자에 불리하다. (○, ×)

05 법인세 과세로 인해 상품가격이 인상된다면 소비자에게도 세 부담이 전가된 것이다. (○, ×)

06 경제적 이윤에 대해 과세하는 형태의 법인세는 기업의 생산 결정을 왜곡하지 않는다. (○, ×)

07 통합주의 견해에 따르면 법인세 부과로 인해 법인소득 단계와 개인소득 단계에서 이중과세하는 문제가 발생한다. (○, ×)

08 우리나라의 법인세율은 여러 세율로 구성된 누진구조로 되어 있다. (○, ×)

09 타인자본에 대해서만 이자비용공제를 허용하는 법인세는 투자재원조달방식에 왜곡을 가져오지 않는다. (○, ×)

10 국가 간의 조세경쟁이 존재하는 경우 투자를 유치하기 위해 각 국은 법인세율을 낮춘다. (○, ×)

정답 및 해설

01 O

02 O

03 O

04 X 자본재 구입에 가속상각을 도입하면 가속상각된 만큼 비용처리가 되어 법인세 부담이 감소한다. 따라서 가속상각은 투자에 유리하다.

05 O

06 O

07 O

08 O

09 X 자기자본의 귀속이자에 대해서는 비용처리를 허용하지 않는 데 비해 타인자본에 대해서만 이자비용공제를 허용하면 기업은 투자재원을 조달할 때 자기자본보다는 타인자본을 사용하고자 할 것이므로 투자재원조달방식에 있어 왜곡이 초래된다.

10 O

11 법인세 찬성 입장에서 사회로부터 여러 혜택을 받고 있기 때문에 이에 대한 대가를 치르게 한다는 의미에서 법인세를 부과해야 한다. (○, ×)

12 법인세 찬성 입장에서 개인소득과 법인소득은 성격이 다르므로 별도로 유지하는 것이 필요하다. (○, ×)

13 법인세 반대 입장에서 법인세는 자기자본에 의한 재원조달보다 타인자본에 의한 재원조달을 우대하는 결과로 되어 기업의 재무구조를 악화시키는 요인이 된다. (○, ×)

14 법인세 반대론자들은 법인세에는 이중과세 문제가 발생한다고 주장한다. (○, ×)

15 법인세 부과 시 다른 조건이 일정하다면 중복과세로 인해 자본공급이 개인기업 쪽에서 법인기업 쪽으로 이동한다. (○, ×)

16 법인세 부과 시 다른 조건이 일정하다면 중복과세로 인해 차입보다 유상증자를 통한 자금조달이 증가한다. (○, ×)

17 자기자본에 대한 귀속이자가 경비로 인정되면 기업의 타인자본 의존도가 높아진다. (○, ×)

18 우리나라에서는 법인세의 이중과세 문제를 완화하기 위하여 지불배당공제제도를 시행하고 있다. (○, ×)

19 법인세의 통합주의 견해는 법인세를 폐지하자는 것이다. (○, ×)

정답 및 해설

11 ○

12 ○

13 ○

14 ○ 배당소득자 및 근로소득자가 동일한 소득계층에 속한다고 하면, 중복과세에 의해 이들 사이의 수평적 공평이 저해된다.

15 X 다른 조건이 일정하다면 법인이 중복과세로 인해 세금이 두 번 부과되므로 자본공급이 법인기업 쪽에서 개인기업 쪽으로 이동한다.

16 X 유상증자보다 차입을 통한 자금조달이 증가한다.

17 X 자기자본에 대한 귀속이자가 경비로 인정되지 않기 때문에 타인자본 의존도가 높다. 귀속이자가 경비로 인정된다면 타인자본 의존도가 낮아지게 된다.

18 ○

19 ○

20 법인세를 소득세와 완전통합하는 방식 중 자본이득방식은 법인세를 철폐하고 실현되지 않은 부분을 포함한 모든 자본이득에 소득세를 부과하는 것이다. (O, X)

21 자본이득방식(capital gains method)은 실현된 자본이득에만 소득세를 부과함으로써 실질적으로 두 조세를 통합시킨 효과를 내게 된다. (O, X)

22 조합방식(partnership method)은 완전통합으로 배당이나 사내유보를 구분하지 않고 개인소득세로 부과하는 방식이다. (O, X)

23 자본이득방식(capital gains method)은 완전통합으로 법인소득 중 배당되는 부분은 개인소득으로, 사내유보는 자본이득으로 과세하는 방식이다. (O, X)

24 지불배당공제제도는 부분통합으로 법인의 모든 이윤에 과세한 후, 이중과세를 피하기 위하여 법인세 과세분 전체를 개인소득세에서 세액공제하는 방식이다. (O, X)

25 차등세율제도(split rate system)는 부분통합으로 법인의 이윤 중 배당된 부분에 대해서는 사내유보가 되는 부분보다 더 낮은 법인세율을 적용해 주는 방식이다. (O, X)

26 법인세의 성격에는 법인부문에 투자된 자본에 대한 과세, 경제적 이윤에 대한 과세 등이 있다. (O, X)

27 순수한 경제적 이윤에 대하여 과세하면 법인세는 전부 주주에게 귀착되며 초과부담도 발생시키지 않는다. (O, X)

28 법인세가 경제적 이윤에 대한 과세라는 견해는 법인세 부과 후에도 기업의 극대화 선택에 아무런 변화가 일어나지 않는다는 점을 중시한다. (O, X)

정답 및 해설

20 O

21 X 자본이득방식은 실현되지 않은 자본이득에 대하여도 과세한다.

22 O

23 O

24 X 지불배당공제제도는 실제 배당액과 배당분에 대한 귀속법인세를 소득세 과세표준에 가산하여 소득세를 계산한 후 귀속법인세를 소득세에서 세액공제하는 방식이다.

25 O

26 O

27 O

28 O

29 법인부문에 투자된 자본에 대한 과세라고 보는 견해와 경제적 이윤에 대한 과세라고 보는 견해 모두가 법인세의 부담이 근로자에게 전가된다고 본다. (O, X)

30 감가상각액이 늘어나면 법인세액이 줄어든다. (O, X)

31 재고처리 선입선출법을 적용할 경우, 인플레이션은 기업의 장부상 이윤을 과대 평가시켜 기업의 법인세 부담이 무거워진다. (O, X)

32 인플레이션은 감가상각의 실질가치를 떨어뜨림으로써 법인의 실질적 조세부담을 크게 한다. (O, X)

33 인플레이션이 발생하면 각종 자본재 가격의 평균 상승 폭을 측정해 감가상각의 허용 폭을 이에 맞춰 늘려주는 방식으로 실질세율 상승 현상을 교정할 수 있다. (O, X)

34 인플레이션이 발생하면 각종 자본재 가격 상승률을 감안해 법인세제에서 허용해 주는 내용연수를 늘려 주어야 한다. (O, X)

35 세법상 감가상각의 내용연수가 단축되는 경우 투자가 위축된다. (O, X)

36 가속상각이 이루어지더라도 감가상각되는 총액은 정상적인 감가상각의 경우와 같기 때문에 투자에 미치는 영향은 동일하다. (O, X)

37 법인이 투자재원을 차입으로 충당하는 경우 인플레이션은 차입의 실질가치를 떨어뜨림으로써 기업에 이득을 준다. (O, X)

정답 및 해설

29 X 이윤세는 전가되지 않는다.

30 O

31 O

32 O

33 O

34 X 인플레이션이 발생하면 자본재의 내용연수를 줄여주어야 한다.

35 X 경비처리가 늘어나므로 법인세 부담이 줄어들어 투자가 늘어난다.

36 X 정상적인 경우보다 감가상각이 빠르게 진행되므로 법인세 부담이 줄어들어 투자가 늘어난다.

37 O

〈부가가치세〉

38 단일세율의 부가가치세는 조세부담이 역진적이다. (○, ×)

39 각 거래 단계의 부가가치에 과세된다. (○, ×)

40 우리나라는 수출품에 영세율을 적용하고 있다. (○, ×)

41 우리나라는 매입세액공제방식을 따른다. (○, ×)

42 우리나라는 총소득형 부가가치세를 채택하고 있다. (○, ×)

43 일반소비세는 소비세가 갖는 다양한 장점 이외에도 외부성을 교정하는 장점이 있다. (○, ×)

44 부가가치세는 간접세로서 조세저항이 낮아 조세수입 확보에 유리하다. (○, ×)

45 소비과세를 시행할 경우 미실현자본이득과 자본손실을 측정해야 하는 소득과세의 한계를 피할 수 있다. (○, ×)

46 단일세율구조하에서 부가가치세의 세 부담은 소득 대비 비례적이라고 해석될 수 있다. (○, ×)

정답 및 해설

38 O

39 O

40 O

41 O

42 X 우리나라는 소비형 부가가치세를 추구하고 있다.

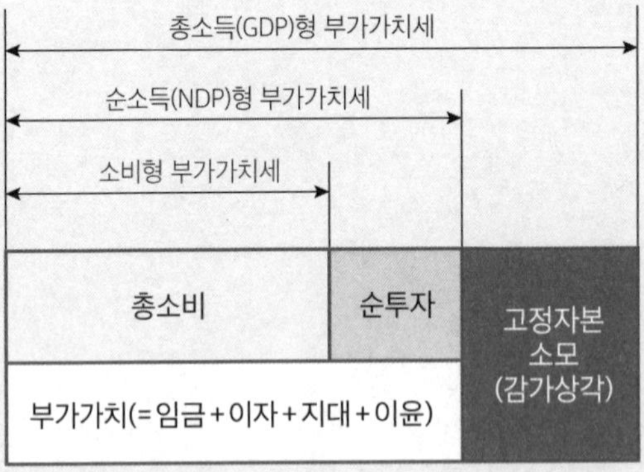

총소득(GDP)형 부가가치세
순소득(NDP)형 부가가치세
소비형 부가가치세
총소비
순투자
고정자본 소모 (감가상각)
부가가치(=임금+이자+지대+이윤)

43 X 일반소비세는 외부성을 교정할 수 없다.

44 O

45 O

46 X 단일세율구조하에서 부가가치세의 세 부담은 소득 대비 역진적이다.

47 부가가치세는 다단계 거래세의 누적효과로 인한 문제를 해결하기 위한 방안 중의 하나로 도입되었다. (○, ×)

48 다단계 거래세는 부가가치세에 비해 수평적 통합을 부추긴다. (○, ×)

49 부가가치세는 다단계 거래세에 비해 탈세의 유인을 줄인다. (○, ×)

50 다단계 거래세는 부가가치세와 달리 수출상품에 대한 환급세액을 정확히 파악하기 어렵다. (○, ×)

51 다단계 거래세는 역진적이나, 부가가치세는 누진적이다. (○, ×)

52 우리나라의 부가가치세는 모든 거래 단계의 부가가치에 대해 부과하므로 다단계 세금이다. (○, ×)

53 우리나라의 부가가치세는 단일세율이 적용되나 그 부담은 역진적이다. (○, ×)

54 우리나라의 부가가치세는 자본재는 과세대상에서 제외되므로 경기조절기능이 크다. (○, ×)

55 우리나라의 부가가치세에서 서민들이 소비하는 일부 재화에 대해서는 영세율이 적용된다. (○, ×)

56 우리나라의 부가가치세는 전단계거래액공제방식을 택하고 있어 상호견제를 통해 탈세방지가 가능하다. (○, ×)

57 우리나라의 부가가치세에서 면세제도는 효율성 상실을 가져오지 않으면서 역진성을 완화하는 제도이다. (○, ×)

정답 및 해설

47 O

48 X 다단계 거래세는 부가가치세에 비해 수직적 통합을 부추긴다.

49 O

50 O 다단계 거래세의 경우는 매입세액공제방식이 없기 때문에 이전 단계 거래에서 얼마만큼 세금을 납부했는지 알 수 없어 수출상품에 대한 환급세액을 정확히 파악하기 어렵다.

51 X 부가가치세도 역시 역진적이다.

52 O

53 O

54 X 우리나라에서 시행되는 부가가치세는 소비형이므로 투자재가 과세대상에서 제외된다. 경기에 민감한 투자재가 과세대상에서 제외되면 경기조절기능이 약화된다.

55 X 영세율이 아닌 면세이다.

56 X 우리나라는 전단계세액공제방식을 채택하고 있다.

57 X 면세제도는 역진성을 완화하는 제도이기는 하지만 효율성이 저해될 가능성이 있다.

58 우리나라의 경우 수출품에는 면세를 적용한다. (○, ×)

59 유통과정의 중간 단계에 면세가 적용되는 경우 최종소비자가격은 면세가 적용되지 않을 경우에 비해서 높아지게 된다. (○, ×)

60 어떤 상품이 부가가치세 면세대상인 경우, 중간 단계에서 이미 납부한 부가가치세는 환급해 준다. (○, ×)

61 어떤 상품에 영세율이 적용되는 경우, 그 이전 단계에서 납부한 부가가치세는 전액 환급해 준다. (○, ×)

62 최종소비 단계에 영세율을 적용할 경우 완전비과세효과가 나타난다. (○, ×)

63 우리나라의 부가가치세는 원칙적으로 단일세율을 적용한다. (○, ×)

64 우리나라의 부가가치세는 단일 세목으로는 가장 큰 세입을 차지한다. (○, ×)

65 우리나라의 부가가치세는 소비재와 자본재에 동시에 과세하기 때문에 경기조절기능이 크다. (○, ×)

66 우리나라의 부가가치세는 전단계세액공제법을 채택하고 있다. (○, ×)

67 수출품, 특정 외화획득 재화 등에 대해서는 영세율을 적용한다. (○, ×)

정답 및 해설

58 X 우리나라는 수출품에 대해 영세율을 적용한다.

59 O

60 X 어떤 상품이 부가가치세 면세대상인 경우, 중간 단계에서 이미 납부한 부가가치세를 환급해 주지 않는다.

61 O

62 O

63 O

64 O

65 X 소비재에만 과세하는 소비형 부가가치세이므로 경기조절기능이 없다.

66 O

67 O

68 법인세와 소득세를 통합하는 방식 중에서 완전통합방식은 자본이득방식과 지불배당공제제도가 있다. (O, X)

69 부가가치세는 각 생산 단계에서 추가된 부가가치에만 과세되어 수직적 통합을 방지하는 효과가 있다. (O, X)

70 부가가치세는 영세율을 통해 수출품에 대한 조세를 효과적으로 환급해 줄 수 있다. (O, X)

71 소비형 부가가치세는 투자를 촉진하는 장점이 있다. (O, X)

72 부가가치세의 매입세액공제방식은 탈세를 방지할 수 있다. (O, X)

73 어떤 상품이 면세의 대상인 경우 중간 단계에서 납부한 부가가치세까지 환급해 준다. (O, X)

74 우리나라의 부동산 취득 시 내는 조세로는 지방세인 취득세가 있다. (O, X)

75 우리나라의 재산세와 종합부동산세는 부동산 보유 시 부과된다. (O, X)

76 우리나라의 양도소득세는 부동산 양도 시 발생하는 차익에 대해서 과세하는 국세다. (O, X)

정답 및 해설

68 X 자본이득방식과 조합방식이 완전통합방식이다.
69 O
70 O
71 O
72 O
73 X 어떤 상품이 영세율 적용대상인 경우 중간 단계에서 납부한 부가가치세까지 환급해 준다.
74 O
75 O
76 O

제10장

조세와 경제행위

제 10장 조세와 경제행위

Topic 28 조세와 노동공급, 저축

01 조세와 노동공급

예산제약식	① $M=(24-l)w$ ② 균형: $MRS_{lM}=w$
소득세 부과 시 여가가 열등재인 경우	여가가 열등재라면 소득효과와 대체효과 모두 노동을 감소시키므로 반드시 노동공급이 감소함
소득세 부과 시 여가가 정상재인 경우	여가가 정상재인 경우 소득효과가 대체효과보다 크면 노동공급이 증가하고, 대체효과가 소득효과보다 크다면 노동공급이 감소함
후방굴절 노동공급곡선	여가가 정상재이면서 소득효과가 대체효과보다 큰 경우

02 조세와 저축

예산선	① $C_2=-(1+r)C_1+Y_1(1+r)+Y_2$ ② 균형: $MRS_{c_1c_2}=(1+r)$
이자소득세 부과로 인한 이자율 변화	$1+r$ ➜ $1+(1-t)r$
이자소득세 부과로 인한 저축자의 변화	① 소득효과: 이자소득세 부과로 실질소득 하락 ➜ 현재소비 감소(= 저축 증가) ② 대체효과: 현재소비의 상대가격 하락 ➜ 현재소비 증가(= 저축 감소) ③ 저축자(소득효과 > 대체효과): 이자율 하락 ➜ 현재소비 감소(= 저축 증가) ④ 저축자(소득효과 < 대체효과): 이자율 하락 ➜ 현재소비 증가(= 저축 감소) ⑤ 소득효과, 대체효과 모두 미래소비를 감소시킴
이자소득세 부과로 인한 차입자의 변화	이자율 하락 ➜ 소득효과와 대체효과 모두 현재소비를 증가시킴(차입 증가)

Topic 28 핵심정리 O/X

〈조세와 노동공급〉

01 여가가 정상재일 경우, 비례소득세를 부과하면 소득효과와 대체효과 모두 노동공급을 증가시키므로 총노동공급은 증가한다. (O, X)

02 여가가 정상재일 경우, 누진소득세 부과가 노동공급에 미치는 영향은 비례소득세 부과와 유사하지만 고소득자에게 불리하다. (O, X)

03 여가가 열등재일 경우, 비례소득세를 부과하면 노동공급량은 감소한다. (O, X)

04 여가가 정상재일 경우, 임금변화에 따른 소득효과가 대체효과보다 크다면 후방굴절형 노동공급곡선이 될 것이다. (O, X)

05 여가가 정상재일 경우, 비례소득세를 부과하면 대체효과는 노동공급을 줄이는 방향으로 작용하고 소득효과는 노동공급을 늘리는 방향으로 작용한다. (O, X)

06 여가가 정상재인 경우, 소득세 부과의 노동공급에 대한 대체효과와 소득효과는 같은 방향으로 작용한다. (O, X)

07 비례적 근로소득세율 인상은 여가의 가격을 상승시킨다. (O, X)

08 세율 인상의 효과는 임금률 상승의 효과와 동일하다. (O, X)

09 비례소득세가 부과될 때 대체효과는 노동공급을 감소시키는 방향으로 작용한다. (O, X)

정답 및 해설

01 X 여가가 정상재일 경우, 비례소득세를 부과하면 소득효과는 노동공급은 증가시키고 대체효과는 노동공급을 감소시키므로 소득효과가 대체효과보다 클 경우에만 총노동공급이 증가한다.

02 O

03 O

04 O

05 O

06 X 여가가 정상재이면 소득세 부과로 인해 대체효과는 여가의 상대가격 하락으로 여가소비가 증가하여 노동공급이 감소한다. 소득효과는 소득 감소로 여가소비가 감소되므로 노동공급이 증가한다. 따라서 다른 방향으로 작용한다.

07 X 근로소득세율의 인상은 임금 하락과 같다. 임금은 여가의 기회비용이자 여가의 가격이므로 여가의 가격을 하락시킨다.

08 X 임금률 하락의 효과와 동일하다.

09 O

10 여가가 정상재인 경우 노동에 과세할 때, 소득효과는 노동시간을 감소시킨다. (O, X)

11 비례적인 근로소득세가 부과될 때 여가가 정상재라면 대체효과는 노동공급을 감소시키나 소득효과는 노동공급을 증가시킨다. (O, X)

12 여가가 정상재인 경우 세율 인상으로 인한 소득효과가 대체효과보다 크면 노동공급이 감소한다. (O, X)

13 여가가 정상재일 때 대체효과가 소득효과에 의해 거의 상쇄되면 노동공급곡선은 수직선에 가까운 형태를 보인다. (O, X)

14 근로소득세 부과 시 노동공급이 변하지 않거나 오히려 증가한다면 사회적 잉여의 순손실은 발생하지 않는다. (O, X)

15 누진적 소득세의 경우, 여가의 가격을 나타내는 예산선의 기울기가 일정하다. (O, X)

16 노동공급이 후방굴절되는 구간에서는 세율 인상으로 노동공급이 증가한다. (O, X)

17 여가가 열등재일 때, 비례소득세를 부과하면 노동공급은 감소한다. (O, X)

18 선형누진소득세제에서 면세점을 인하할 경우, 여가가 열등재라면 소득효과를 통해 노동공급은 증가한다. (O, X)

정답 및 해설

10 X 여가가 정상재인 경우 노동에 과세하면, 소득효과는 노동시간을 증가시킨다.

11 O

12 X 세율 인상으로 인한 소득효과가 대체효과보다 크다면 후방굴절 노동공급곡선이다. 후방굴절 노동공급곡선에서는 세율이 높아질수록 노동공급이 증가한다.

13 O

14 X 대체효과가 아예 없는 것이 아니기 때문에 순손실은 발생할 수밖에 없다.

15 X 예산선의 기울기가 일정하지 않다.

16 O

17 O

18 X 면세점을 인하할 경우 소득은 줄어든다. 소득이 줄어들 때 여가가 열등재라면 여가소비가 늘어나므로 노동공급은 감소한다.

19 선형누진소득세제에서 면세점을 인상할 경우, 여가가 정상재라면 소득효과를 통해 노동공급은 감소한다. (O, X)

20 동일한 조세수입을 징수하고자 할 때, 비례소득세보다 선형누진소득세가 근로의욕을 더 떨어뜨린다. (O, X)

〈조세와 저축〉

21 현재소비와 미래소비가 모두 정상재인 경우 이자소득세를 부과하면 저축을 감소시키는 소득효과와 저축을 증가시키는 대체효과를 동시에 발생시킨다. (O, X)

22 현재소비와 미래소비가 모두 정상재인 경우 이자소득세를 부과하면 저축에 대한 영향은 시점 간 자원배분 모형을 이용하여 분석될 수 있다. (O, X)

23 현재소비와 미래소비가 모두 정상재인 경우 이자소득세를 부과하면 미래소비보다 현재소비가 유리한 여건이 제공될 수 있다. (O, X)

24 현재소비와 미래소비가 모두 정상재인 경우 이자소득세를 부과하면 현재소비는 대체효과에 의해 증가하고 소득효과에 의해 감소한다. (O, X)

25 현재소비와 미래소비가 모두 정상재인 경우 이자소득세를 부과하면 민간저축은 증가할 수도 감소할 수도 있다. (O, X)

정답 및 해설

19 O 면세점을 인상할 경우 소득은 늘어난다. 소득이 늘어날 때 여가가 정상재라면 여가소비가 늘어나므로 노동공급은 감소한다.

20 O

21 X 이자소득세를 부과하면 이자율이 $1+r \rightarrow 1+(1-t)r$이 된다. 따라서 실질소득이 감소하므로 현재소비가 감소하여 저축을 증가시키는 소득효과와, 현재소비의 상대가격이 하락하여 소비가 증가하므로 저축을 감소시키는 대체효과를 동시에 발생시킨다.

22 O

23 O

24 O

25 O

26 피셔의 시점 간 자원배분 모형에서 이자소득세를 고려했을 때, 미래소비는 감소하게 된다. (O, X)

27 피셔의 시점 간 자원배분 모형에서 이자소득세를 고려했을 때, 저축은 반드시 감소한다. (O, X)

28 피셔의 시점 간 자원배분 모형에서 이자소득세를 고려했을 때, 현재소비에 대한 대체효과는 현재소비를 감소시킨다. (O, X)

29 피셔의 시점 간 자원배분 모형에서 이자소득세를 고려했을 때, 현재소비에 대한 소득효과는 현재소비를 증가시킨다. (O, X)

30 피셔의 시점 간 자원배분 모형에서 이자소득세를 고려했을 때, 이자소득세를 부과하면 현재소비의 상대가격이 높아진다. (O, X)

31 이자소득세가 부과되면 현재소비의 상대가격이 하락한다. (O, X)

32 저축에 대한 조세가 부과되기 이전에는 1기 소비의 가격은 $(1+r)$이 된다. (O, X)

33 이자소득에 t의 세율로 과세하면 저축의 수익률은 '$r \times (1-t)$'가 된다. (O, X)

34 이자소득세 부과는 미래소비의 상대가격을 인상시킨다. (O, X)

정답 및 해설

26 O

27 X 대체효과는 현재소비의 상대가격 하락으로 소비가 증가하여 저축이 감소한다. 소득효과는 소득 감소로 인해 소비가 감소하여 저축이 증가한다. 따라서 소득효과와 대체효과의 크기에 따라 저축은 늘어날 수도, 줄어들 수도, 동일할 수도 있다.

28 X 대체효과는 현재소비의 상대가격 하락으로 인해 소비가 증가하여 저축이 감소한다.

29 X 소득효과는 소득 감소로 인해 소비가 감소하여 저축이 증가한다.

30 X 현재소비의 상대가격이 낮아진다.

31 O

32 O

33 O

34 O 이자소득세로 인해 미래소비보다 현재소비가 유리한 여건이 제공될 수 있다는 건, 이자소득세로 인해 현재소비의 가격이 인하되었다는 것이다.

35 이자소득세의 부과는 미래소비의 가격을 인상하게 되어 미래소비가 정상재라면, 소득효과로 현재소비와 미래소비는 감소하게 된다. (O, X)

36 이자소득세를 부과할 경우, 소득효과는 저축에 대한 매력을 상대적으로 감소시켜 저축의욕을 떨어뜨린다. (O, X)

37 개별물품세는 현재소비와 미래소비의 선택에 왜곡을 가져오지 않는다. (O, X)

38 중립세는 현재소비와 미래소비의 선택에 교란을 발생시키지 않는다. (O, X)

39 이자소득세가 부과되면 대체효과에 의해서는 저축이 감소한다. (O, X)

40 이자소득세의 세율이 높지 않다면 현재소비와 미래소비의 선택에서 왜곡을 초래하지 않는다.(O, X)

41 이자소득세가 부과되면 과세 후 소득이 감소하므로 현재소비와 미래소비가 정상재라면, 소득효과로 현재소비와 미래소비는 감소하게 된다. (O, X)

42 이자소득세 부과에 따른 소득효과는 일정 수준의 미래소비를 유지하기 위하여 저축을 증가시키는 것을 말한다. (O, X)

43 이자소득세 부과 후 어떤 개인이 2기의 소비 수준을 과세 전과 동일하게 유지하고자 한다면, 이자소득세율을 인상할 경우 현재소비를 줄이고 저축을 늘리게 된다. (O, X)

정답 및 해설

35 O

36 X 이자소득세 부과로 소득이 감소하여 현재소비가 감소한다. 따라서 저축의욕을 높인다.

37 O

38 O

39 O

40 X 세율이 높지 않더라도 이자소득세가 부과되면 현재소비의 상대가격이 하락하므로 현재소비와 미래소비의 선택에서 왜곡을 초래한다.

41 O

42 O

43 O

44 이자소득세 부과 시 현재소비와 미래소비가 정상재라면, 미래소비는 소득효과와 대체효과의 상대적 크기에 따라 증가하거나 감소한다. (O, X)

45 2구간 모형에서 근로소득에 대한 과세로 인해 나타나는 대체효과는 현재소비를 감소시킨다. (O, X)

46 근로소득세 부과 시 세수의 전부를 정부저축으로 할당하면 경제 전체의 저축은 증가할 수 있다. (O, X)

47 근로소득에 비례소득세를 부과하는 경우 초과부담은 세율이 높아질수록 커진다. (O, X)

48 근로소득에 비례소득세를 부과하는 경우 노동공급곡선이 우상향이면 시장임금률은 상승한다. (O, X)

49 근로소득에 비례소득세를 부과하는 경우 노동공급곡선이 수직이면 전부 근로자에게 귀착된다. (O, X)

50 근로소득에 비례소득세를 부과하는 경우 실질소득의 감소로 노동공급을 증가시키려는 소득효과가 나타난다. (O, X)

51 근로소득에 비례소득세를 부과하는 경우 대체효과와 소득효과가 동일하여 노동공급이 일정하면 순임금률과 시장임금률은 동일하다. (O, X)

정답 및 해설

44 X 현재소비와 미래소비가 정상재라면, 소득효과도 미래소비를 감소시키고, 대체효과도 미래소비를 감소시킨다.

45 X 근로소득세를 부과하면 대체효과는 발생하지 않는다.

46 O

47 O

48 O

49 O

50 O

51 X 시장임금 − 순임금 = 조세이므로 순임금률과 시장임금률은 동일하지 않다.

Topic 29 조세와 투자, 위험부담, 기업의 자본구조

01 조세와 투자(조르겐슨)

자본의 사용자비용	$C=(r+d)P_K$
법인세 부과 후 자본의 사용자비용	$C=\dfrac{[(r+d)-t(x+y)]P_K}{1-t}$
법인세 부과 후 투자	① 자본의 사용자비용이 감소하면 투자 증가 ② 자본의 사용자비용이 동일하면 투자 불변 ③ 자본의 사용자비용이 증가하면 투자 감소
중립적 법인세의 조건	① 자기자본의 귀속이자를 포함한 모든 이자비용 완전공제와 세법상 감가상각률과 경제적 감가상각률이 동일한 경우 ② 자본재 구입비용을 즉시 상각하고, 이자비용공제를 허용하지 않는 경우
투자 촉진 수단	가속상각제도, 투자세액공제 등
한계실효세율	① $\dfrac{p-s}{p}$ (p: 세전수익률, s: 세후수익률) ② 한계실효세율이 −이면 세후수익률이 더 좋으므로 투자가 촉진될 수 있음

02 조세와 위험부담

완전한 보상 시 (= 완전손실상계 시)	위험부담행위의 비율 증가
보상이 없는 경우 (= 손실상계 없는 경우)	① **대체효과:** 위험부담의 가격 상승 − 위험부담행위 감소 ② **소득효과:** 위험부담행위의 소득탄력성이 +인 경우는 실질소득 감소로 위험부담행위 감소, 위험부담행위의 소득탄력성이 −인 경우는 실질소득 감소로 위험부담행위 증가 ③ **위험부담행위의 소득탄력성이 +인 경우:** 위험부담행위는 무조건 감소 ④ **위험부담행위의 소득탄력성이 −인 경우:** 소득효과가 대체효과보다 크면 증가, 작으면 감소

03 조세와 기업의 자본구조

모딜리아니 − 밀러 제1명제	법인세 등이 존재하지 않는 가정이 성립하면 기업이 어떤 부채 − 자본비율(debt − equity ratio)을 선택하든 기업의 가치에는 아무런 영향이 없음
부채의 감세효과	타인자본 의존도가 높아질수록 법인세 부담이 가벼워짐
모딜리아니 − 밀러 배당무의미성 이론	완전한 자본시장의 가정하에서 배당정책이 기업의 가치에 아무 영향을 주지 않아 기본적으로 무의미함

Topic 29 핵심정리 O/X

〈조세와 투자〉

01 조겐슨(D. Jorgenson)의 신고전파 투자 이론에서 자본의 사용자비용이 적을수록 투자가 증가한다. (O, X)

02 조겐슨의 신고전파 투자 이론에서 생산요소 간에 대체탄력성이 작으면 자본스톡의 사용자비용탄력성이 낮아질 수 있다. (O, X)

03 조겐슨의 신고전파 투자 이론에서 자본스톡의 사용자비용탄력성이 작을수록 법인세가 기업의 투자에 미치는 영향이 크다. (O, X)

04 조겐슨의 신고전파 투자 이론에서 법인세의 경우 자본재 구입비용은 즉시상각하고, 지급이자에 대한 비용공제는 불허하면 투자에 대해 중립적이다. (O, X)

05 조겐슨의 신고전파 투자 이론에서 자기자본의 귀속이자비용과 차입금에 대한 이자공제가 허용되고 세법상 감가상각률과 경제적 감가상각률이 일치할 경우 법인세는 투자에 영향을 미치지 않는다. (O, X)

06 법인세 과세표준 계산 시 타인자본에 대한 이자지불액만 공제된다면, 자기자본에 비해 차입을 선호한다. (O, X)

07 법인세 과세표준 계산 시 타인자본에 대한 이자지불액만 공제된다면, 배당금에 비해 사내유보를 선호한다. (O, X)

08 법인세 과세표준 계산 시 타인자본에 대한 이자지불액만 공제된다면, 회사채 발행을 기피한다. (O, X)

정답 및 해설

01 O

02 O

03 X 자본스톡의 사용자비용탄력성이 작다는 것은 사용자비용의 변화율 > 자본스톡의 변화율(= 투자의 변화율)이 성립한다는 의미이다. 즉, 사용자비용의 변화에 기업이 작게 반응한다는 것이다. 따라서 자본스톡의 사용자비용탄력성이 작을수록 법인세가 기업의 투자에 미치는 영향이 작다.

04 O

05 O

06 O

07 X 사내유보는 자기자본이므로 법인세 계산에서 불리하다.

08 X 회사채는 타인자본이므로 법인세 계산에서 유리하다.

09 신고전학파 투자 이론에 따르면 자본의 사용자비용이 적을수록 투자가 증가한다. (O, X)

10 자본스톡의 사용자비용 탄력성이 클수록 조세정책이 기업의 투자에 미치는 영향이 크다. (O, X)

11 토빈의 q이론에 따를 경우, 자본의 대체비용이 클수록 투자가 줄어든다. (O, X)

12 자본의 사용자비용과 관련된 한계실효세율 측정은 세전수익률을 세후수익률로 나누어서 구할 수 있다. (O, X)

13 한계실효세율이 -이면 조세가 투자를 촉진시키는 효과를 갖는다. (O, X)

14 가속상각은 실질적인 자본의 사용자비용을 높이는 역할을 한다. (O, X)

15 인플레이션이 발생하면 감가상각의 실질가치가 하락하므로 법인세 부담이 작아진다. (O, X)

16 인플레이션으로 인한 감가상각의 실질가치 하락을 조정해 주는 방법 중의 하나는 감가상각기간을 늘려 주는 것이다. (O, X)

17 선입선출법을 사용하는 경우에는 비용이 과대 평가되므로 기업의 법인세 부담이 감소한다. (O, X)

18 가속상각을 허용해 주면 실질적인 자본의 사용자비용이 하락하는 효과가 발생하므로 기업의 투자에 긍정적인 영향을 미친다. (O, X)

정답 및 해설

09 O

10 O

11 O

12 X 자본의 사용자비용과 관련된 한계실효세율 측정은 $t = \frac{p - s}{p}$(p: 세전수익률, s: 세후수익률)로 정의된다.

13 O

14 X 가속상각을 허용하면 실질적인 자본의 사용자비용이 낮아진다.

15 X 인플레이션이 발생하면 감가상각의 실질가치가 하락하므로 법인세 부담이 커진다.

16 X 감가상각기간을 줄여주어야 한다.

17 X 선입선출법을 사용하는 경우에는 비용이 과소 평가되므로 장부상 이윤이 과대 평가되어 법인세 부담이 증가한다.

18 O

19 세법상 감가상각률과 경제적 감가상각률이 일치하면 법인세는 순수한 경제적 이윤에 대한 과세가 된다. (O, X)

20 자본재를 구입 즉시 상각하고 이자비용의 비용처리를 허용하면 법인세로 인해 투자가 위축된다. (O, X)

21 가속상각을 허용하면 전체 기간에 걸쳐 기업이 납부해야 하는 명목납세액이 감소한다. (O, X)

22 투자를 촉진하기 위한 방법으로 가속상각제도의 채택, 투자세액공제 허용 등이 있다. (O, X)

23 경제적 순이윤에 대한 과세라면 법인의 생산량 결정에 왜곡이 발생하지 않는다. (O, X)

24 법인세가 부과된 후 자본의 사용자비용에 변화가 없으면 투자에 대한 효과는 중립적이라고 해석할 수 있다. (O, X)

25 졸겐슨(D. Jorgenson)의 신고전학파 투자 모형에 의하면, 자본의 한계생산물가치가 자본의 사용자비용과 일치할 때, 기업의 적정 자본량이 결정된다. (O, X)

26 가속상각제도의 채택은 자본의 사용자비용을 크게 만드는 결과를 가져온다. (O, X)

27 가속감가상각을 할 경우 실효세율이 하락한다. (O, X)

정답 및 해설

19 X 자기자본에 대한 귀속이자의 비용처리가 허용되고 세법상 감가상각률과 경제적 감가상각률이 일치해야 한다.

20 X 자본재를 구입 즉시 상각하고 이자비용의 비용처리까지 허용하면 법인세는 투자를 촉진하는 효과를 갖게 된다.

21 X 가속상각을 허용하더라도 전체 기간 동안의 명목납세액은 변하지 않는다.

22 O

23 O 순이윤에 과세하는 것(이윤세)은 효율적인 조세이며, 투자에 대하여 중립적이다.

24 O 자본의 사용자비용에 따라 투자를 결정하기 때문에 자본의 사용자비용에 변화가 없으면 투자에 대한 효과는 중립적이라고 해석할 수 있다.

25 O

26 X 가속상각제도는 자본의 사용자비용을 줄여주는 결과를 가져온다.

27 O 법인의 투자를 장려하기 위한 방법으로 가속상각제도가 있다.

28 투자세액공제는 신규투자에 대한 순비용을 증가시킨다. (O, X)

29 한계실효세율은 한계적인 투자계획으로부터 나오는 세전실질수익률과 당해 투자계획의 자본제공자가 받는 세후실질수익률과의 차이를 세전실질수익률로 나눈 것이다. (O, X)

30 한계실효세율접근법은 법인세 부과가 세후투자소득에 어떤 영향을 주는지에 주목한다. (O, X)

31 한계실효세율접근법에 의하면 한계실효세율이 높을수록 조세부과가 투자를 더욱 위축시킨다. (O, X)

32 한계실효세율이 음(-)의 값을 갖는 것으로 나타나면 법인세 부과가 투자행위를 촉진시킨다고 해석할 수 있다. (O, X)

33 현실적으로 부채에 의해 재원을 조달할 경우 한계실효세율은 음(陰)의 값을 가질 수 있다. (O, X)

34 한계실효세율접근법에 의하면 조세가 여러 다른 유형의 투자에 미치는 효과를 분석할 수 있다는 장점이 있다. (O, X)

35 가속상각제도나 투자세액공제제도는 한계실효세율을 낮추지 못한다. (O, X)

36 토빈의 q가 1보다 크면 투자가치가 있다. (O, X)

37 모딜리아니 - 밀러 제1정리에 따르면 기업이 어떠한 부채 - 자본비율을 선택하는가에 따라 기업의 가치는 변화한다. (O, X)

정답 및 해설

28 X 투자세액공제는 신규투자에 대한 순비용을 감소시킨다.

29 O 한계실효세율접근법의 정의이다(킹과 플라톤에 의하면 세금 부과 후 투자행위의 변화를 알고 싶다면 실효세율을 계산하면 된다).

30 O

31 O

32 O

33 O

34 O

35 X 가속상각제도나 투자세액공제제도는 자본의 사용자비용을 낮춰 투자를 증가시킨다. 즉 한계실효세율을 낮출 수 있다.

36 O

37 X 기업이 어떠한 부채 - 자본비율을 선택하는지는 관계없다.

38 법인세의 특성상 부채를 갖고 있는 기업은 감세효과(tax shield)를 누릴 수 있다. (O, X)

39 부채에서 나오는 감세효과는 세율이 높을수록 작아진다. (O, X)

40 인플레이션 발생 시 한계세율이 인상된 것과 같으므로 소득세 부담은 증가한다. (O, X)

41 인플레이션 발생 시 면세점 조정이 없는 경우 일부 저소득층이 비과세대상에서 과세대상자로 바뀌게 된다. (O, X)

42 인플레이션 발생 시 감가상각의 실질가치가 하락하므로 법인세 부담이 무거워진다. (O, X)

43 인플레이션 발생 시 재고자산의 처리방법에 따라 법인세 부담이 상당한 차이를 보이게 된다. (O, X)

44 인플레이션 발생 시 부채가 많은 기업의 경우에는 실질적인 채무부담이 증가하므로 불리해진다. (O, X)

45 인플레이션 발생 시 누진소득세에서 실질 조세부담을 증가시킨다. (O, X)

46 인플레이션 발생 시 국가채무의 실질가치를 감소시킨다. (O, X)

47 인플레이션 발생 시 기업 차입금의 실질가치를 떨어뜨려 기업에 유리하다. (O, X)

48 인플레이션 발생 시 선형누진소득세에서는 실질적인 조세부담을 증가시키지 않는다. (O, X)

49 인플레이션 발생 시 감가상각의 실질가치를 떨어뜨림으로써 법인세의 실질적 부담을 커지게 한다. (O, X)

정답 및 해설

38 O 모딜리아니 - 밀러의 보조 정리에 따르면 조세가 존재하면 100% 차입경영이 유리하다.

39 X 부채에서 나오는 감세효과는 세율이 높을수록 커진다.

40 O

41 O

42 O

43 O

44 X 인플레이션의 발생으로 물가가 상승하면 부채의 실질가치가 하락한다. 그러므로 인플레이션이 발생하면 부채가 많은 기업들은 유리해진다.

45 O

46 O

47 O

48 X 인플레이션이 발생하면 명목소득이 증가한다. 이로 인해 세율이 높은 구간으로 상승하게 되므로 선형누진소득세에서는 실질적인 조세부담을 증가시킨다.

49 O

50 조겐슨의 신고전학파 투자 이론에서 중요한 투자결정요인은 자본의 사용자비용이다. (O, X)

51 조겐슨의 신고전학파 투자 이론에서 자본의 사용자비용이 낮아지면 투자는 늘어난다. (O, X)

52 조겐슨의 신고전학파 투자 이론에서 자본의 사용자비용에는 포기된 다른 투자로 인한 기회비용도 포함된다. (O, X)

53 조겐슨의 신고전학파 투자 이론에서 자본재 구입비용은 즉시 비용처리하고, 지급이자에 대한 비용공제는 허용하지 않는 경우 법인세는 투자에 중립적이다. (O, X)

54 조겐슨의 신고전학파 투자 이론에서 자기자본의 귀속이자비용이 공제되지 않아도, 차입금에 대한 이자공제가 허용되고 세법상 감가상각률과 경제적 감가상각률이 일치하면 법인세는 투자에 영향을 미치지 않는다. (O, X)

〈조세와 위험부담 & 기업의 자본구조〉

55 완전손실상계가 시행되면 정부가 공공투자자의 역할을 수행하므로 위험자산보유비중은 반드시 증가한다. (O, X)

56 손실보상이 없는 경우 위험부담행위의 소득탄력성이 양이면, 소득효과는 위험자산에 대한 투자를 줄이고 대체효과는 위험자산에 대한 투자를 늘려 총효과는 불확실하다. (O, X)

57 손실보상이 없는 경우 위험부담행위의 소득탄력성이 양이면, 소득효과와 대체효과 모두 위험자산에 대한 투자를 줄인다. (O, X)

정답 및 해설

50 O

51 O

52 O

53 O

54 X 자기자본의 귀속이자비용이 공제되지 않고 차입금에 대한 이자공제가 허용되는 것이 회계상의 이윤이다. 경제학에서는 자기자본의 귀속이자를 비용으로 여긴다. 따라서 경제학과 회계학을 동일하게 놓기 위해서는 세법상 감가상각률과 경제적 감가상각률이 일치하고 자기자본에 대한 귀속이자비용을 공제시켜주어야 회계상의 당기순이익과 경제적 이윤이 동일해진다. 이 경우 법인세는 투자에 영향을 미치지 않는다.

55 O

56 X 위험부담행위의 소득탄력성이 양이면, 소득효과와 대체효과 모두 위험자산에 대한 투자를 줄인다.

57 O

58 손실보상이 없는 경우 위험부담행위의 소득탄력성이 음이면, 소득효과와 대체효과 모두 위험자산에 대한 투자를 줄인다. (O, ×)

59 모딜리아니 – 밀러(Modigliani – Miller)의 제2정리에 의하면 기업의 가치는 자본구조와는 전혀 무관하다. (O, ×)

60 인플레이션이 발생하면 기업의 실질적인 채무부담이 감소하므로 차입금이 많은 기업일수록 유리해진다. (O, ×)

61 현실에서는 법인세율이 소득세율보다 낮으므로 이론적으로 주주 입장에서 보면 배당을 하지 않는 것이 최선이다. (O, ×)

62 거래비용과 조세가 없고, 완전자본시장이 존재한다면 기업가치는 배당정책과 무관하다. (O, ×)

63 모딜리아니 – 밀러의 1명제는 기업가치 극대화를 위한 최적 자본구조가 존재하지 않는다는 것이다. (O, ×)

64 투자소득에 대한 과세가 위험자산의 수요를 감소시키는 경우는 위험부담행위의 소득탄력성이 0보다 클 때이다. (O, ×)

정답 및 해설

58 X 위험부담행위의 소득탄력성이 음이면, 소득효과는 위험자산에 대한 투자를 늘리고 대체효과는 위험자산에 대한 투자를 줄여 총효과는 불확실하다.

59 X 모딜리아니 – 밀러의 제2정리에 의하면 법인세가 존재하는 경우에는 100% 타인자본을 사용하는 것이 최적이다.

60 O

61 O

62 O

63 O

64 O

65 투자자들이 자산유형별로 상이한 위험과 기대수익률을 고려하여 수익률을 극대화하도록 자산을 구성한다고 한다. 투자의 안전성이 정상재이고 투자자의 위험회피도가 체증적인 경우, 기대수익률이 하락하여 안전성에 대한 기회비용이 증가함으로써, 위험자산의 비중은 작아진다. (○, ×)

66 투자자들이 자산유형별로 상이한 위험과 기대수익률을 고려하여 수익률을 극대화하도록 자산을 구성한다고 한다. 투자의 안전성이 정상재이고 투자자의 위험회피도가 체증적인 경우, 완전손실상계제도가 있으면 위험자산의 비중은 커진다. (○, ×)

67 투자자들이 자산유형별로 상이한 위험과 기대수익률을 고려하여 수익률을 극대화하도록 자산을 구성한다고 한다. 투자의 안전성이 정상재이고 투자자의 위험회피도가 체증적인 경우, 완전손실상계제도가 있으면 투자수익과는 달리 손실에 대해 정부와 투자자가 공동 부담하도록 한다. (○, ×)

68 투자자들이 자산유형별로 상이한 위험과 기대수익률을 고려하여 수익률을 극대화하도록 자산을 구성한다고 한다. 투자의 안전성이 정상재이고 투자자의 위험회피도가 체증적인 경우, 손실상계제도를 전혀 허용하지 않으면 위험자산의 비중에는 영향이 없다. (○, ×)

69 투자자들이 자산유형별로 상이한 위험과 기대수익률을 고려하여 수익률을 극대화하도록 자산을 구성한다고 한다. 투자의 안전성이 정상재이고 투자자의 위험회피도가 체증적인 경우, 손실상계제도를 전혀 허용하지 않으면 소득효과가 대체효과보다 큰 경우에 한해 위험자산의 비중은 감소한다. (○, ×)

정답 및 해설

65 X 완전손실상계의 여부, 위험부담행위의 소득탄력성 등에 따라 달라지므로 단정할 수 없다.

66 O

67 X 완전손실상계제도가 있는 경우, 투자수익과 손실 모두 정부와 투자자가 공동 부담하도록 한다.

68 X 손실상계제도를 전혀 허용하지 않는 경우, 위험자산의 비중은 예측할 수 없다.

69 X 손실상계제도를 전혀 허용하지 않는 경우, 위험부담행위의 소득탄력성이 양이면 위험부담행위가 감소하고, 위험부담행위의 소득탄력성이 음이면 소득효과가 대체효과보다 큰 경우에 한해 위험자산의 비중은 증가한다.

제11장

소득분배 이론과 재분배정책

제 11 장 소득분배 이론과 재분배정책

Topic 30 소득분배

에지워즈의 최적 분배 이론	모든 사람이 동일한 효용함수를 가질 때 완전한 균등분배 시 사회후생이 극대화됨
러너의 동등확률 가정	모든 사람이 특정한 효용함수를 가질 확률이 동일하다면 완전한 균등분배 시 사회후생이 극대화됨
로렌츠곡선	서수적 소득분배, 대각선에 가까울수록 소득분배가 공평함
지니계수	① 공식: $\frac{\alpha}{\alpha+\beta}$ ② 기수적 소득분배, 0 ~ 1 사이의 값을 가지며 0에 가까울수록 소득분배가 공평
10분위 분배율	① 공식: $\frac{\text{최하위 40\% 소득계층의 소득}}{\text{최상위 20\% 소득계층의 소득}}$ ② 0 ~ 2 사이의 값을 가지며 2에 가까울수록 소득분배가 공평함
5분위 배율	① 공식: $\frac{\text{최상위 20\% 소득계층의 소득}}{\text{최하위 20\% 소득계층의 소득}}$ ② 완전평등한 경우 1, 완전불평등한 경우 무한대의 수치를 가짐
앳킨슨지수	① 공식(A): $1-\frac{Y_e\text{(균등분배대등소득)}}{Y_A\text{: 평균소득}}$ ② 균등분배대등소득: 현재와 동일한 사회후생을 얻을 수 있는 완전히 평등한 소득분배 상태에서의 평균소득 ③ 완전평등한 경우 0, 완전불평등한 경우 1의 수치를 가짐 ④ 사회구성원의 평등에 대한 가중치가 클수록 앳킨슨지수는 커지게 됨
달튼지수	0 ~ 1 사이의 값을 가지며 1에 가까울수록 소득분배가 공평함

Topic 30 핵심정리 O/X

01 빈곤율은 빈곤층의 인구를 전체 인구로 나눈 값으로 빈곤완화에 필요한 재원 규모에 대한 정보를 알려주지 못한다. (O, ×)

02 빈곤갭은 '빈곤층 인구 수 × (빈곤선 – 빈곤층 인구의 평균소득)'이다. (O, ×)

03 빈곤갭은 빈곤층 내부의 소득재분배에 영향을 받지 않는다. (O, ×)

04 소득갭비율은 '(빈곤선 – 빈곤층 인구의 평균소득)/빈곤선'이다. (O, ×)

05 소득갭비율은 정부의 정책으로 빈곤층 인구의 평균소득을 증가시키면 늘어난다. (O, ×)

06 조세부담률이 지속적으로 증가한다면 사회보장성 기여금 부담이 증가하고 있다는 것을 알 수 있다. (O, ×)

07 소득세 누진구조에 대한 에지워즈의 최적 모형에서는 공리주의적인 사회후생함수를 가정한다. (O, ×)

08 소득세 누진구조에 대한 에지워즈의 최적 모형에서는 사회 전체의 가용한 소득은 고정되어 있다고 가정한다. (O, ×)

09 소득세 누진구조에 대한 에지워즈의 최적 모형에서는 가장 높은 소득자로부터 세금을 거두어 가장 낮은 소득자에게 재분배하는 경우 사회후생은 증가하게 된다. (O, ×)

10 소득세 누진구조에 대한 에지워즈의 최적 모형에서는 모든 사회구성원의 소득 균등화를 추구하지는 않는다. (O, ×)

정답 및 해설

01 O

02 O

03 O

04 O

05 X 빈곤층 인구의 평균소득을 증가시키면 분자가 감소하므로 소득갭비율은 감소한다.

06 X 조세부담률에서 알 수 있는 것이 아니라 국민부담률을 통해 알 수 있다.

07 O

08 O

09 O

10 X 에지워즈의 공리주의적 최적 분배 모형에서는 모든 사람의 한계효용함수가 동일하므로 소득 균등화가 가장 바람직하다고 본다.

11 두 지역의 로렌츠곡선이 서로 교차한다면 두 지역의 소득분배 평등도의 비교가 어렵다. (O, X)

12 로렌츠곡선은 소득분배의 평등도에 대한 서수적인 평가를 나타낸다. (O, X)

13 두 로렌츠곡선이 교차하는 경우 소득불평등도를 서로 비교할 수 없다. (O, X)

14 로렌츠곡선이 대각선에 가까이 위치할수록 평등한 분배를 나타낸다. (O, X)

15 로렌츠곡선에서는 사회구성원이 똑같은 소득을 나누어 갖는 균등분배를 평등한 소득분배로 전제한다. (O, X)

16 로렌츠곡선에서는 셋 이상의 곡선을 동시에 비교할 수 없다. (O, X)

17 앳킨슨(A. Atkinson)지수는 소득분배에 대한 사회적 가치판단에 따라 크기가 달라진다. (O, X)

18 로렌츠(M. Lorenz)곡선은 하위 몇 %에 속하는 사람들이 전체 소득에서 차지하는 비율을 나타내는 점들의 궤적이다. (O, X)

19 지니계수(Gini coefficient)는 로렌츠곡선을 이용해서 계산할 수 있다. (O, X)

20 지니계수는 대각선과 로렌츠곡선 사이의 면적을 로렌츠곡선 아래의 면적으로 나눈 값이다. (O, X)

21 지니계수는 전체 인구의 평균적인 소득 격차의 개념을 활용하고 있다. (O, X)

22 달튼(H. Dalton)의 평등지수는 1에 가까울수록 불평등한 상태를 의미한다. (O, X)

23 로렌츠곡선의 경우 대각선에 가까울수록 소득분배가 평등하다. (O, X)

정답 및 해설

11 O
12 O
13 O
14 O
15 O
16 X 로렌츠곡선이 서로 교차하지만 않는다면 셋 이상의 곡선도 동시에 비교할 수 있다.
17 O
18 O
19 O
20 X 대각선과 로렌츠곡선 사이의 면적을 대각선 아래의 면적으로 나눈 값이다.
21 O
22 X 달튼의 평등지수는 0과 1 사이의 값을 가지며, 소득분배가 평등할수록 그 값이 커진다.
23 O

24 로렌츠곡선은 불평등의 정도를 서수적으로만 평가 가능하고 어느 정도 더 평등한지는 판단할 수 없다. (O, ×)

25 두 로렌츠곡선이 교차하는 경우에는 하위소득자부분의 곡선이 대각선에 가깝게 위치한 경우가 더 공평한 분배 상태인 것으로 해석된다. (O, ×)

26 3개 이상의 로렌츠곡선이 있는 경우에도 서로 교차하지 않는다면 동시에 분배 상태를 비교할 수 있다. (O, ×)

27 로렌츠곡선에 의해 분배 상태를 비교할 때는 다른 불평등도지수에 의해 평가할 때보다 더욱 강한 가치판단이 개입된다는 문제점이 있다. (O, ×)

28 지니계수는 0에서 1 사이의 값을 가지며 소득분배가 평등할수록 0에 가까워진다. (O, ×)

29 로렌츠곡선(Lorenz curve)이 대각선과 일치할 때 지니계수는 0의 값을 가진다. (O, ×)

30 앳킨슨지수 값은 불평등성에 대한 그 사회의 가치판단을 전제로 하여 계산된다. (O, ×)

31 균등분배대등소득과 평균소득이 일치하면 앳킨슨지수는 0이 된다. (O, ×)

32 앳킨슨지수에서 일반적으로 소득분배가 불균등할수록 균등분배대등소득과 평균소득과의 격차가 커진다. (O, ×)

33 앳킨슨지수가 0에 가까울수록 소득분배가 불평등하다. (O, ×)

소득분배 이론과 재분배정책

제11장

해커스 서호성 재정학 FINAL

정답 및 해설

24 O

25 X 두 로렌츠곡선이 교차하는 경우 비교 불가능이다.

26 O

27 X 앳킨슨지수만이 가치판단이 개입된다.

28 O

29 O

30 O

31 O

32 O

33 X 0에 가까워진다는 것은 균등분배대등소득과 평균소득의 격차가 적어진다는 것으로 소득분배가 평등하다는 것이다.

34 십분위 분배율은 하위 20%에 속하는 사람들의 소득점유비율을 상위 40%에 속하는 사람들의 소득점유비율로 나눈 값으로 그 값이 클수록 소득분배가 평등하다고 할 수 있다. (O, X)

35 지니계수는 0에 가까울수록 평등하고 십분위 분배율의 값은 1에 가까울수록 평등하다. (O, X)

36 5분위 배율은 상위 20%에 속하는 사람들의 소득점유비율을 하위 20%의 소득점유비율로 나눈 값으로 그 값이 클수록 소득분배가 불평등함을 의미한다. (O, X)

37 5분위 배율은 소득분배의 불평등도가 커질수록 값이 커진다. (O, X)

38 달튼(H. Dalton)의 평등지수는 0에 가까울수록 불평등한 상태를 의미한다. (O, X)

39 쿠즈네츠의 U자 가설은 세로축에 소득분배의 균등도를, 가로축에 경제발전 단계 또는 1인당 국민소득을 표시한 평면에서 설명된다. (O, X)

40 한 나라의 소득분포가 제1오분위 8%, 제2오분위 10%, 제3오분위 20%, 제4오분위 26%, 제5오분위 36%로 주어졌을 때 십분위 분배율은 0.5이다. (O, X)

41 소득이 Y_1, Y_2인 두 사람으로 구성된 사회의 후생함수가 $W = Y_1 \times Y_2$라고 한다. 두 사람의 소득이 각각 $Y_1 = 16$, $Y_2 = 4$이라고 할 때, 앳킨슨(A. Atkinson)지수는 0.4이다. (O, X)

정답 및 해설

34 X 하위 40%의 소득점유비율을 상위 20%의 소득점유비율로 나눈 값이다.

35 X 십분위 분배율은 2에 가까울수록 평등하다.

36 O 5분위 배율은 그 값이 작을수록 소득분배가 평등함을 의미한다.

37 O

38 O

39 O 쿠즈네츠의 U자 가설은 시간에 따라 소득분배가 악화되었다가 개선된다는 가설이다.

40 O 제1오분위와 제2오분위의 소득을 합한 최하위 40% 소득계층의 소득이 전체 소득에서 차지하는 비중이 18%이고, 제5오분위에 해당하는 최상위 20% 소득이 전체 소득의 36%이다. 그러므로 최하위 40%의 소득을 최상위 20%의 소득으로 나눈 십분위 분배율은 0.5이다.

41 X 개인 1의 소득이 16, 개인 2의 소득이 4이므로 현재의 평균소득은 $Y_A = 10$이다. 사회후생함수가 $W = Y_1 \times Y_2$이므로 현재 상태에서의 사회후생은 W = 16 × 4 = 64이다. 두 사람이 8만큼의 동일한 소득을 갖고 있더라도 현재와 동일한 사회후생 64를 얻을 수 있으므로 균등분배대등소득은 $Y_e = 8$이다. 그러므로 앳킨슨지수는 $A = 1 - \frac{Y_e}{Y_A} = 1 - \frac{8}{10} = 0.2$로 계산된다.

42 갑과 을 두 사람이 존재하는 경제에서 이들의 후생이 소득 수준과 동일한 경우, 갑의 소득은 400, 을의 소득은 100이다. 소득분배를 평가할 때 롤스의 사회후생함수인 경우 앳킨슨지수(Atkinson index)는 0.6이다. (O, X)

43 분배에 대한 공리주의적 주장에서 가장 바람직한 분배 상태는 최소 극대화의 원칙을 따른다.(O, X)

44 분배에 대한 러너의 공리주의적 주장은 바람직한 분배가 모든 사람이 동일한 효용함수를 가지지 않을 때에도 나타날 수 있다는 것이다. (O, X)

45 벤담(J. Bentham)은 사회 전체의 후생을 극대화하는 분배가 가장 바람직하다고 보았다. (O, X)

46 분배에 대한 공리주의적 주장에서 불균등한 소득분배도 정당화될 수 있다. (O, X)

47 분배에 대한 에지워즈의 공리주의적 주장에서 효용함수는 소득의 한계효용이 체감한다는 가정이 필요하다. (O, X)

48 지니(Gini)계수는 0과 1 사이의 값을 가지며, 1에 가까울수록 소득이 평등하게 분배되었음을 나타낸다. (O, X)

49 달튼(H. Dalton)의 평등지수는 0과 1 사이의 값을 가지며, 1에 가까울수록 소득이 평등하게 분배되었음을 나타낸다. (O, X)

정답 및 해설

42 O 갑의 소득이 400, 을의 소득이 100이므로 사회 전체의 평균소득은 250이다. 그리고 두 사람의 효용수준이 소득과 동일하므로 최초 분배 상태에서는 갑의 효용이 400, 을의 효용이 100이다. 롤스의 사회후생함수하에서 사회후생 W = Min[400, 100] = 100이고, 두 사람의 소득이 모두 100인 경우에도 사회후생 W = Min[100, 100] = 100이므로 균등분배대등소득은 100이 된다. 그러므로 앳킨슨지수는 $A = 1 - Y_e/Y = 1 - 100/250 = 0.6$이다.

43 X 공리주의는 합이 최대인 경우이고 최소 극대화의 원칙은 롤스의 주장이다.

44 O

45 O

46 O

47 O

48 X 0과 1 사이의 값을 가지며, 0에 가까울수록 소득이 평등하게 분배되었음을 나타낸다.

49 O

50 앳킨슨(A. Atkinson)지수는 −1과 1 사이의 값을 가지며, 1이면 소득이 완전평등하게 분배되었음을 나타낸다. (O, X)

51 5분위 배율은 하위 20%에 속하는 사람들의 소득점유비율을 상위 20%에 속하는 사람들의 소득점유비율로 나눈 값이다. (O, X)

52 십분위 분배율은 상위 40%에 속하는 사람들의 소득점유비율을 하위 20%에 속하는 사람들의 소득점유비율로 나눈 값이다. (O, X)

53 앳킨슨지수는 사회후생함수에 의한 가치판단을 명시적으로 전제하여 소득불평등을 측정한다. (O, X)

54 앳킨슨지수에서 불균등한 분배가 사회후생을 떨어뜨리는 정도가 클수록 균등분배대등소득과 1인당 평균소득 간 격차는 줄어든다. (O, X)

55 균등분배대등소득과 1인당 평균소득이 같으면 앳킨슨지수는 영(0)의 값을 갖는다. (O, X)

56 동일한 분배 상태라도 보는 사람에 따라 균등분배대등소득이 달라질 수 있으므로 앳킨슨지수의 값은 여러 가지로 측정될 수 있다. (O, X)

57 앳킨슨지수는 0에서 1 사이의 값을 갖는다. (O, X)

정답 및 해설

50 X 0과 1 사이의 값을 가지며, 0이면 소득이 완전평등하게 분배되었음을 나타낸다.

51 X 상위 20%에 속하는 사람들의 소득점유비율을 하위 20%에 속하는 사람들의 소득점유비율로 나눈 값이다.

52 X 하위 40%에 속하는 사람들의 소득점유비율을 상위 20%에 속하는 사람들의 소득점유비율로 나눈 값이다.

53 O

54 X 균등분배대등소득과 1인당 평균소득 간 격차는 줄어들수록 1에 가까워지므로 앳킨슨지수는 0에 가까워진다. 따라서 불균등한 분배가 사회후생을 떨어뜨리는 정도가 클수록 균등분배대등소득과 1인당 평균소득 간 격차는 커진다.

55 O

56 O

57 O

Topic 31 소득재분배정책

부의 소득세제	① 소득이 일정 수준 이하가 되면 그 차액에 대하여 일정 세율을 적용하여 계산된 금액을 조세환급을 통해 지급하는 제도 ② S = M − tY (M: 정액증여, t: 세율) ③ 효율성 측면에서는 한계세율이 낮은 것이, 소득재분배 측면에서는 기초수당이 큰 것이 바람직함 ④ 노동공급 반드시 감소
근로장려세제	① 근로소득자를 대상으로 소득에 비례한 세액공제액이 소득액보다 많은 경우 환급해 주는 제도 ② 점증 구간: 대체효과에 의해 노동공급 증가, 소득효과에 의해 노동공급 감소 ③ 평탄 구간: 소득효과에 의해 노동공급 감소 ④ 점감 구간: 대체효과에 의해 노동공급 감소, 소득효과에 의해 노동공급 감소 ⑤ 점증 구간에서는 소득효과보다 대체효과가 크면 노동공급이 증가할 수 있지만 나머지 구간에서는 반드시 노동공급 감소
보조제도	① 효용 수준: 현금보조 ≥ 현물보조 > 가격보조 ② 정부 목표달성: 가격보조 > 현물보조 ≥ 현금보조

Topic 31 핵심정리 O/X

01 부의 소득세제는 일정 수준 이하 저소득층의 가처분소득을 증가시키는 효과가 있다. (O, X)

02 부의 소득세제에 있어서 기초수당(basic allowance)이 클수록 재분배효과가 커진다. (O, X)

03 부의 소득세(negative income tax)가 부과될 때 소득효과는 노동공급을 증가시키는 방향으로 작용한다. (O, X)

04 부의 소득세 부과는 면세점 이하 소득계층에 대한 여가의 기회비용을 하락시킨다. (O, X)

정답 및 해설

01 O 부의 소득세는 면세점 이하 저소득층의 가처분소득을 증가시키는 보조금 성격의 사회보장제도이다.

02 O

03 X 여가가 정상재인 경우 부의 소득세로 인한 소득효과는 노동공급을 감소시키는 방향으로 작용한다.

04 O 부의 소득세로 인한 대체효과는 여가의 기회비용을 낮춰 노동을 감소시킨다.

05 여가가 정상재인 경우 부의 소득세를 부과하면 면세점 이하 소득계층에서 대체효과는 소득효과와 반대 방향으로 작용한다. (O, X)

06 우리나라의 근로장려세제는 기초생활보장 등 각종 복지지원에서 제외되는 저소득 근로자에게 생계비 등을 보조해 주는 제도이다. (O, X)

07 우리나라의 근로장려세제에서 근로장려금은 가구 구성과 소득 수준에 따라 달라진다. (O, X)

08 우리나라의 근로장려세제는 소득 수준이 높은 가구일수록 소득 1원 증가에 따른 가처분소득 증가분은 줄어드는 방식을 취한다. (O, X)

09 우리나라의 근로장려세제는 근로빈곤층의 노동공급에 미치는 영향을 최소화하면서 생계안정을 지원하는 제도이다. (O, X)

10 근로장려세제에서 개인의 노동공급에 미치는 영향을 분석하면 소득효과 없이 대체효과가 존재하여 노동공급은 소폭 줄어든다. (O, X)

11 근로장려세제의 실증분석에서 한부모 여성가구주의 노동공급이 증가하였다면, 한부모 여성가구주들은 제도 도입 전에 주로 무노동계층이었거나, 점증 구간에 속해 있었을 것이다. (O, X)

12 근로장려세제의 실증분석에서 부부의 경우, 주소득자의 노동공급에 거의 영향을 끼치지 못했다면 주소득자의 노동공급의 임금탄력성은 매우 낮을 것이다. (O, X)

13 근로장려세제의 실증분석에서 대상자 전체의 노동공급에 별다른 변화가 없었다면 정책도입 후 실제 노동공급 증가량과 노동공급 감소량은 대체로 비슷하게 발생했음을 알 수 있다. (O, X)

정답 및 해설

05 X 소득효과와 대체효과는 여가소비를 늘리는 같은 방향으로 작용한다.

06 O

07 O

08 O

09 O

10 X 근로장려세제는 점증 구간에서 노동공급을 증가시키는 대체효과와 노동공급을 감소시키는 소득효과를 동시에 발생시킨다. 따라서 노동공급은 대체효과와 소득효과의 상대적 크기에 따라 증가할 수도 감소할 수도 있다.

11 O

12 O

13 O

14 근로소득보전세제가 시행될 때 대체효과와 소득효과가 노동공급에 정반대로 영향을 미치는 구간은 점감 구간이다. (O, X)

15 이전지출로 인해 발생하는 비효율은 대체효과와 관련이 있다. (O, X)

16 현물보조의 대표적인 항목에는 의무교육, 의료, 주거 등 가치재들이 포함된다. (O, X)

17 현물보조에 비하여 현금보조는 높은 행정비용과 운영비용을 수반한다. (O, X)

18 동일한 재정을 투입하는 경우 일반적으로 현금보조가 현물보조에 비하여 소비자에게 보다 넓은 선택을 가능하게 한다. (O, X)

19 현물보조를 사용하는 주된 이유는 해당 현물의 소비가 바람직하다고 생각하기 때문이다. (O, X)

20 현금보조가 가지는 단점 중 하나는 상대적으로 부정수급과 오남용 가능성이 크다는 것이다. (O, X)

21 현금보조의 경우 대체효과가 소득효과를 압도하여 X재의 소비량이 증가한다. (O, X)

22 현금보조의 경우 해당 재화만이 아니라 다른 재화의 공급도 증가하는 왜곡 현상으로 인하여 사회후생의 손실이 초래된다. (O, X)

23 이전지출 수혜자가 비가치재(dement goods)에 대한 선호가 높은 경우에는 현금보조하지 않아야 한다. (O, X)

24 현물보조는 대체효과가 나타나고 소비자 선택에 제약을 가하게 되므로 비효율적일 수 있다. (O, X)

정답 및 해설

14 X 점증 구간이다.

15 O

16 O

17 X 현금보조는 보조금을 계좌에 입금하는 형태로 이루어지는 데 비해 현물보조는 실제로 보조대상이 되는 재화를 구입하여 수혜자에게 지급해야 한다. 그러므로 행정비용과 운영비용은 현물보조가 현금보조보다 더 많이 소요된다.

18 O

19 O

20 O

21 X 현금보조는 소득효과만 있다.

22 X 사회후생의 손실은 대체효과로 인해 초래되는데, 현금보조는 대체효과가 일어나지 않는다. 또한 해당 재화와 다른 재화의 공급이 함께 증가하는 것은 왜곡 현상으로 볼 수 없다.

23 O 비가치재는 술/담배와 같은 것이다. 이러한 경우는 현물보조가 더 바람직하다.

24 X 현물보조는 대체효과가 나타나지 않는다.

25 바우처정책의 경우 소득효과만 발생하지만 현금 지급정책의 경우 에너지 가격체계의 변화를 발생시켜 대체효과도 추가적으로 나타나게 된다. (O, X)

26 가격보조의 경우 현금보조에 비해서 보조금 수혜자의 후생 수준은 낮은 편이다. (O, X)

27 가격보조의 경우 현금보조에 비해서 X재의 소비량은 작아진다. (O, X)

28 정부 이전지출의 목적이 특정 재화에 대한 소비를 장려하기 위한 것이라면 가격보조가 효과적인 정책수단이 된다. (O, X)

29 가격보조로 인하여 소비가 증대되어도 후생비용은 발생하지 않는다. (O, X)

30 소비자에게 가격보조를 하거나 생산자에게 가격보조를 하거나 소비 증대효과는 동일하다. (O, X)

31 가격보조의 경우 정부는 소득보조에 비해 적은 보조금 지출을 통하여 수혜자가 소득보조와 동일한 크기의 효용을 누리도록 할 수 있다. (O, X)

32 근로장려세제는 근로빈곤층(working poor)의 생계안정 지원과 동시에 근로유인을 위한 제도이다. (O, X)

33 현물보조는 현금보조보다 소비자들이 선호한다. (O, X)

정답 및 해설

25 X 바우처정책과 현금 지급정책 모두 예산선의 평행이동을 가져오므로 대체효과는 발생하지 않고 소득효과만 발생한다.

26 O

27 X 가격보조는 현금보조에 비해 소비량이 늘어날 수 있다.

28 O

29 X 가격보조는 대체효과로 인한 후생비용이 발생한다.

30 O 세금 부담의 주체가 달라도 발생하는 효과가 동일한 것처럼 보조받는 주체가 달라도 발생하는 효과는 동일하다.

31 X 소득보조의 경우 정부는 가격보조에 비해 적은 보조금 지출을 통해 수혜자가 가격보조와 동일한 크기의 효용을 누리도록 할 수 있다.

32 O

33 X 현물보조는 현금보조보다 효용이 더 낮아질 수 있으므로 소비자들이 덜 선호한다.

34 현물보조는 현금보조보다 높은 행정비용과 운영비용을 수반한다. (O, X)

35 현금보조는 현물보조에 비하여 오남용 가능성이 높다. (O, X)

36 현금보조는 현물보조보다 소비자에게 보다 넓은 선택의 자유를 부여한다. (O, X)

37 소득재분배정책은 로렌츠곡선을 완전히 평등한 분배를 나타내는 대각선으로 접근시키는 역할을 한다. (O, X)

38 상속 및 증여세는 세입 측면의 소득재분배정책 성격을 갖는다. (O, X)

39 소득재분배정책은 현금보조, 물품보조 등을 활용하는 방식으로 시행될 수 있다. (O, X)

40 교육기회 확대는 소득분배의 불평등을 완화하는 정책이다. (O, X)

41 누진세제는 소득분배의 불평등을 완화하는 정책이다. (O, X)

42 인두세 강화는 소득분배의 불평등을 완화하는 정책이다. (O, X)

43 복권제도 활성화는 소득분배의 불평등을 완화하는 정책이다. (O, X)

44 부의 소득세제(negative income tax)가 $S = a - tE$로 주어졌을 때 a가 50만원, t가 0.25인 경우 보조금을 받기 위해서 E는 200만원 미만이어야 한다(단, S: 보조금, a: 기초수당, t: 한계세율, E: 스스로 벌어들인 소득). (O, X)

정답 및 해설

34 O

35 O

36 O

37 O

38 O

39 O

40 O

41 O

42 X 인두세는 사람마다 조세를 부과하는 것이므로 소득재분배와 관련이 없다.

43 X 복권제도 활성화는 불로소득을 추구하므로 소득재분배와 관련이 없다.

44 O

Topic 32 사회보험제도

국민연금 적립방식	자신이 낸 보험료 수령
국민연금 부과방식	근로세대가 미근로세대를 부양, 세대 간 소득재분배효과 발생
국민연금이 저축행위에 미치는 효과	재산대체효과만 민간저축을 줄이는 방향으로 영향을 주고, 나머지는 모두 민간저축을 부추기는 효과를 가짐
재산대체효과 (자산대체효과)	① 국민연금 보험료(사회보장세) 납부를 저축으로 인식함에 따라 민간의 자발적 저축이 감소하는 것 ② **완전한 적립방식**: 민간의 자발적 저축이 감소하나 동액만큼 정부저축이 증가하므로 경제 전체의 총저축은 불변 ③ **부과방식**: 민간의 저축이 감소하나 이를 상쇄하는 공적인 저축 증가가 이루어지지 않으므로 경제 전체의 총저축은 감소
건강보험 행위별 수가제	각 진료비를 책정하는 방식으로 의학발전에 기여하지만 과잉진료가 이루어질 수 있음
건강보험 포괄수가제	질병별로 미리 정해진 금액만 받는 방식으로, 의료비가 저렴하지만 의학발전 저하와 과소 진료가 발생할 수 있음

Topic 32 핵심정리 O/X

01 정부의 재정수입 달성은 사회보험의 목표 중 하나이다. (O, ×)

02 시장실패의 보완은 사회보험과 관련되어 있다. (O, ×)

03 보험료에 의한 재원조달은 사회보험과 관련되어 있다. (O, ×)

04 정부의 온정적 간섭주의는 사회보험과 관련되어 있다. (O, ×)

정답 및 해설

01 X 사회보험을 조세로 보지 않으므로 정부의 재정수입 달성과는 관련이 없다.

02 O

03 O

04 O

05 완전적립방식인 국민연금제도에서는 나이 든 세대가 젊은 세대에 의존한다는 인식이 생기게 된다. (O, X)

06 부과방식에 의한 연금이 새로 도입되는 경우 청년층에서 노년층으로 세대 간 소득 이전효과가 발생한다. (O, X)

07 국민연금의 보험료율 인상은 저소득 근로자들에게 부담이 되지 않는다. (O, X)

08 국민연금의 보험료율 인상은 개인들의 현재 가처분소득을 줄일 것이다. (O, X)

09 국민연금 보험료 부과 상한이 월 급여 400만원에서 450만원으로 인상된다면 월 급여 200만원인 근로자의 납입보험료는 영향을 받지 않는다. (O, X)

10 연금수급연령의 상향조정은 단기적으로 연금수급자 수를 줄인다. (O, X)

11 연금수급연령이 65세이고 평균수명이 80세라고 가정할 때, 연금수급연령을 1년 상향 조정하면 재정적자를 줄일 수 있다. (O, X)

12 국민연금제도를 도입하면 재산대체효과(wealth substitution effect)로 국민저축이 줄어든다. (O, X)

13 재산대체효과는 적립방식에서 국민 총저축(민간의 자발적 저축 + 정부의 강제적 저축)을 감소시킨다. (O, X)

14 연금 급여에 대한 기대로 조기에 퇴직하는 효과가 발생하는 퇴직(은퇴)효과는 저축을 늘리는 작용을 한다. (O, X)

정답 및 해설

05 X 완전적립방식은 세대 간 재분배 문제가 없다.

06 O

07 X 소득에 비례하므로 저소득 근로자들의 부담이 크게 느껴질 수 있다.

08 O

09 O

10 O

11 O

12 X 국민연금 부과방식에 의하면 민간저축은 감소하고 정부저축은 변화가 없기 때문에 국민저축이 줄어들지만 완전한 적립방식에 의하면 민간저축은 줄어들고 정부저축은 늘어나기 때문에 국민저축은 동일하다.

13 X 민간의 자발적 저축과 정부의 강제적 저축이 반대 방향으로 작용하므로 국민 총저축이 동일하거나 감소할 수 있다.

14 O 국민연금으로 인한 은퇴효과는 민간저축을 증가시킨다.

15 자식 세대의 가처분소득 감소를 우려한 부모 세대가 상속자산을 늘려주려는 시도를 해서 자발적인 저축이 늘어나는 효과가 있다. (O, X)

16 완전한 적립방식하에서는 개인의 포트폴리오 구성만이 바뀔 뿐 국가 전체의 입장에서는 저축 규모가 증대되지 않는다. (O, X)

17 국민연금제도는 은퇴 후 개인의 실질소득을 증가시킴으로써 은퇴 후 노동공급을 줄이는 효과를 발생시킨다. (O, X)

18 연금제도는 노후소득의 감소에 대비한 사회보험제도이다. (O, X)

19 연금제도를 사회보험으로 운용하는 이유는 역선택 문제가 있기 때문이다. (O, X)

20 우리나라의 국민연금은 적립방식이 아닌 부과방식으로 도입되었다. (O, X)

21 연금제도가 가지는 재산대체효과는 민간저축을 줄이는 방향으로 작용한다. (O, X)

22 부과방식의 연금이 운용되면 세대 간 소득 이전이 발생할 수 있다. (O, X)

23 연금제도는 노동공급과 노동수요의 증대를 가져와 경제 성장에 기여하게 된다. (O, X)

24 적립방식의 연금제도는 일반적으로 세대 내의 구성원 간에 부(wealth)의 이전을 초래한다. (O, X)

정답 및 해설

15 O

16 O

17 O

18 O

19 O

20 X 우리나라 국민연금제도는 부과방식이 아니라 적립방식으로 도입되었으며, 현재도 적립방식으로 운영되고 있다.

21 O

22 O

23 X 국민연금제도가 시행되면 노년층의 조기 은퇴가 일반화되어 노동공급이 감소한다. 그러므로 국민연금제도는 노동공급의 감소를 가져와 경제 성장에 부정적인 영향을 미칠 가능성이 크다.

24 O

25 연금 급여에 대한 기대로 조기에 퇴직하는 퇴직효과(retirement effect)는 개인저축을 늘리는 작용을 한다. (O, X)

26 연금제도는 저축의 중요성을 일깨우는 인식효과(recognition effect)를 가져오며 이는 개인저축을 늘리는 작용을 한다. (O, X)

27 연금 급여에 대한 기대는 개인저축을 줄이는 재산대체효과(wealth substitution effect)를 발생시킨다. (O, X)

28 연금제도의 정당화 근거로는 단체보험을 실시함으로써 도덕적 해이 문제를 해결할 수 있고, 보험에 가입하는 사람의 수를 크게 함으로써 위험의 공동 부담을 통한 이익을 실현할 수 있다는 점을 들 수 있다. (O, X)

29 완전한 부과방식으로 국민연금제도가 운영되고 있다면 고령화가 진행되더라도 지불능력에는 큰 문제가 없다. (O, X)

30 부과방식하에서 다른 조건이 일정한 상태에서 고령화가 진행이 되면 젊은 세대의 부담이 커진다. (O, X)

31 중복세대 모형은 부과방식으로 운영되는 연금제도를 이론적으로 분석할 수 있는 모형이다. (O, X)

32 적립방식에서는 세대 간 소득재분배가 발생하지 않는 데 비해, 부과방식에서는 세대 간 소득재분배가 발생한다. (O, X)

33 사회보험은 대체로 민간보험이 수행할 수 없는 위험에 대해 가입자를 보호해준다. (O, X)

정답 및 해설

25 O

26 O

27 O

28 X 국민연금제도를 실시하더라도 여전히 조기 은퇴와 같은 도덕적 해이가 발생한다.

29 X 완전한 적립방식이어야 한다.

30 O

31 O

32 O

33 O 민간보험이 역선택 문제로써 제공할 수 없는 서비스를 정부가 제공해 주는 것이 사회보험이다.

34 의료보험시장에서 발생하는 정보의 비대칭성은 시장에 대한 정부개입의 근거가 된다. (O, ×)

35 공공의료보험제도 도입은 역선택으로 인한 가입자 감소 문제를 완화한다. (O, ×)

36 의료보험제도는 사적 보험제도와 달리 도덕적 해이가 발생하지 않는다. (O, ×)

37 사회보험으로 국민기초생활제도의 재원을 충당한다. (O, ×)

38 공공부조는 원칙적으로 정부의 예산으로 충당한다. (O, ×)

39 부과방식의 사회보험은 수지균형을 원칙으로 한다. (O, ×)

40 공공부조의 수혜대상결정은 소득 · 재산조사를 근거로 한다. (O, ×)

41 사회보험의 재원은 원칙적으로 보험료로 충당한다. (O, ×)

42 실업보험제도는 소득세제와 함께 경기변동에 대한 자동안정조절기능을 보유하고 있다. (O, ×)

43 고용보험제도는 새로운 일자리를 구하는 데 따른 기회비용이 줄어들 수 있다. (O, ×)

44 고용보험 수혜기간의 연장은 구직활동을 게을리하게 하는 도덕적 해이를 야기한다. (O, ×)

45 고용보험 지급기간이 장기간인 국가일수록 실업률이 높아지는 경향이 있다. (O, ×)

정답 및 해설

34 O

35 O 강제 가입을 통해 가입자 감소 문제를 완화한다.

36 X 도덕적 해이는 완벽한 해결방안이 없다.

37 X 국민기초생활제도의 재원은 정부재정이다. 사회보험은 개인의 부담금이 포함된다.

38 O

39 O

40 O

41 O

42 O 경제안정화기능을 가진 제도로는 실업보험제도와 누진세제 등이 있다.

43 O 실업기간의 소득이 일정 수준 보장되기 때문에 이직에 대한 기회비용이 줄어든다.

44 O

45 O

46 고용보험제도는 제도 내에 소득재분배효과를 내포하고 있다. (O, X)

47 고용보험제도는 자동안정화기능을 갖고 있다. (O, X)

48 고용보험제도는 노동자들의 도덕적 해이를 유발한다. (O, X)

49 포괄수가제의 경우 행위별 수가제에 비해 과잉진료 행위가 줄어든다. (O, X)

50 포괄수가제의 경우 행위별 수가제에 비해 의료서비스 품질의 저하가 우려된다. (O, X)

51 포괄수가제에 비해 행위별 수가제는 의학발전에 부정적이다. (O, X)

52 병원 방문의 수요곡선이 400 − Q(Q: 병원 방문횟수)이고, 건강보험이 없는 상태의 방문당 비용은 100, 건강보험가입 시 방문당 본인부담금은 20이다. 이 경우 소비자의 도덕적 해이로 인한 후생비용은 3,200이다. (O, X)

정답 및 해설

46 O

47 O

48 O

49 O

50 O

51 X 행위별 수가제하에서는 개별 진료에 대해 모두 진료비를 받을 수 있으므로 다양한 방법을 통해 환자를 치료할 가능성이 크다. 그러므로 행위별 수가제는 포괄수가제보다 오히려 의학발전에 긍정적인 영향을 줄 수 있다.

52 O 병원 방문의 수요곡선이 P = 400 − Q이고, 건강보험이 없을 때 방문당 한계비용은 MC = 100이므로 P = MC로 두면 최적 방문횟수는 Q = 300이다. 건강보험가입 후에는 방문당 본인부담금이 20이므로 개인의 입장에서 보면 방문당 한계비용이 MC = 20이다. 따라서 건강보험가입 후 개인의 최적 방문횟수는 Q = 380이 된다. 그러므로 건강보험제도가 시행되면 80단위만큼의 과잉소비가 이루어진다(도덕적 해이).

도덕적 해이에 따른 후생비용은 $3{,}200\left(=\frac{1}{2}\times 80\times 80\right)$이다.

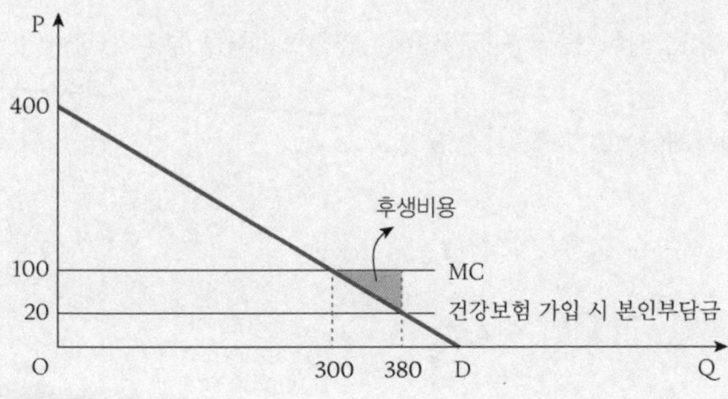

53 국민기초생활보장제도는 절대빈곤선을 기준으로 수급대상자를 선정한다. (O, ×)

54 공공부조는 일반 국민이 납부한 세금을 재원으로 저소득계층을 지원하는 프로그램이다. (O, ×)

55 우리나라에서 운용 중인 사회보험은 국민연금, 건강보험, 고용보험, 산재보험, 노인장기요양보험이 있다. (O, ×)

56 사회보험제도는 가입자들이 납부한 보험료를 기본 재원으로 운영한다. (O, ×)

57 연금보험을 사회보험 형태로 운영하는 이유로는 재정수입 확보, 세대 내 소득재분배, 시장실패 보완, 온정적 간섭주의 등을 들 수 있다. (O, ×)

58 인플레이션이 있는 경우 공적 연금과 달리 사적 연금은 인플레이션이 조정된 연금을 지급한다. (O, ×)

59 공적 연금은 사적 연금시장에서 나타날 수 있는 역선택 문제를 해결할 수 있다. (O, ×)

60 공적 연금은 사적 연금보다 준비금을 적게 보유할 수 있다. (O, ×)

61 사적 연금은 공적 연금에 비해 수요자의 다양한 요구에 대응하기 용이하다. (O, ×)

62 공적 연금은 위험의 공동 부담이라는 측면에서 사적 연금시장에서 나타날 수 있는 도덕적 해이 문제를 해결할 수 있다. (O, ×)

정답 및 해설

53 X 국민기초생활보장제도는 상대빈곤선을 기준으로 수급대상자를 선정한다.

54 O

55 O

56 O

57 X 재정수입 확보를 위해서는 연금보험을 사회보험의 형태가 아닌 민간보험처럼 정부의 지원 없이 개인이 모두 비용을 지불하게 해야 한다.

58 X 사적 연금은 계약조건에 따라 인플레이션이 조정될 수도 있고 조정이 안 될 수도 있다.

59 O

60 O

61 O

62 O

제12장

재정학의 기타주제

제 12 장 재정학의 기타주제

Topic 33 공공요금

한계비용 가격설정	효율적 생산이 가능하지만 기업손실 발생
평균비용 가격설정	기업손실은 없지만 과소 생산
가격차별	탄력적인 상품에 낮은 가격, 비탄력적인 상품에 높은 가격
이부가격제	기본요금은 소비자잉여만큼, 사용료는 한계비용만큼 받음
램지 가격설정	$\dfrac{\dfrac{P_X - MC_X}{P_X}}{\dfrac{P_Y - MC_Y}{P_Y}} = \dfrac{e_Y}{e_X}$

Topic 33 핵심정리 O/X

01 공공요금은 사용재의 성격을 갖는 재화에 부과되는 것으로 기본적으로 수익자부담 원칙을 적용한다. (O, X)

02 비용체감산업은 초기에 대규모 설비투자가 요구되는 경향이 있다. (O, X)

03 비용체감산업은 평균비용보다 한계비용이 낮다. (O, X)

04 비용체감산업은 시간이 경과함에 따라 자연독점화하는 경향을 보인다. (O, X)

정답 및 해설

01 O 사용재의 성격을 갖는 재화는 공공재와는 달리 배제가 가능하다. 이 경우 혜택을 보는 사람이 요금을 낸다.

02 O 비용체감산업은 수도, 전기, 우편사업 등 초기에 대규모 설비투자가 요구되는 경향이 있다.

03 O 비용체감산업은 비용이 장기적으로 보았을 때 점차 감소하므로, 평균비용보다 한계비용이 낮다.

04 O 초기에 많은 비용이 요구되기 때문에 장기적으로 가면 독점화하는 경향이 있다.

05 자연독점하의 공기업에서 공공요금을 결정할 때 규모의 경제를 활용하여 평균비용을 낮추기 위해 하나가 아닌 여러 공기업에서 생산하는 것이 바람직하다. (O, X)

06 자연독점하의 공기업에서 공공요금을 결정할 때 민간기업이 생산하고 가격규제를 하지 않으면 사회적 최적 생산량 달성이 가능하다. (O, X)

07 자연독점하의 공기업에서 공공요금을 결정할 때 이부가격제도를 실시하면 생산량 자체는 효율적이다. (O, X)

08 자연독점하의 공기업에서 공공요금을 결정할 때 한계비용 가격을 설정하는 경우 해당 공기업의 경제적 이윤은 0이 된다. (O, X)

09 자연독점하의 공기업에서 공공요금을 결정할 때 평균비용 가격설정을 사용하는 경우 사회적 최적 생산량을 달성할 수 있다. (O, X)

10 일반적으로 공공부문이 생산하는 재화나 서비스의 한계비용 가격설정은 효율적인 결과를 초래할 수 없다. (O, X)

11 전기, 수도 등 사용재의 성격을 갖는 재화나 서비스의 경우에는 조세보다 공공요금을 부과함으로써 자원배분의 효율성을 높일 수 있다. (O, X)

12 규모의 경제가 작용하는 재화나 서비스의 경우에는 한계비용에 따라 가격을 설정한다면 손실이 발생할 수 있다. (O, X)

13 램지 가격설정은 효율성을 달성할 수 있으나 분배상 문제를 일으킬 수 있다. (O, X)

14 공공요금설정에서 분배적 측면을 고려한 낮은 가격책정은 정부의 재정부담을 증가시킬 수 있다. (O, X)

정답 및 해설

05 X 규모의 경제가 발생하기 위해서는 하나의 기업에서 생산하는 것이 바람직하다.

06 X 자연독점하이므로 과소 생산이 이루어진다.

07 O

08 X 한계비용 가격설정에서는 효율적 생산이 가능하지만 경제적 손실을 본다.

09 X 평균비용 가격설정에서는 경제적 손실은 없지만 과소 생산이 이루어진다.

10 X 한계비용 가격설정은 효율적인 결과를 초래한다.

11 O

12 O

13 O

14 O

15 규모에 대한 수확체증인 공공서비스 공급일 경우 한계비용 가격설정방법으로 요금을 결정하면, 공급되는 공공서비스 양은 효율적이다. (O, X)

16 규모에 대한 수확체증인 공공서비스 공급일 경우 한계비용 가격설정방법으로 요금을 결정하면, 공공서비스를 생산하는 기관은 이윤을 창출할 수 없다. (O, X)

17 규모에 대한 수확체증인 공공서비스 공급일 경우 평균비용 가격설정방법으로 요금을 결정하면, 공급되는 공공서비스 양은 비효율적이다. (O, X)

18 규모에 대한 수확체증인 공공서비스 공급일 경우 평균비용 가격설정방법으로 요금을 결정하면, 공공서비스를 생산하는 기관은 이윤을 창출할 수 있다. (O, X)

19 규모에 대한 수확체증인 공공서비스 공급일 경우 이부가격제도(two - part tariff)는 기업의 손실 규모를 줄이기 위하여 도입된다. (O, X)

20 한계비용 가격설정방식은 한계편익을 나타내는 수요곡선과 한계비용곡선이 교차하는 점에서 공공서비스의 가격을 결정하는 방식이다. (O, X)

21 수요곡선과 한계비용곡선이 교차하는 점에서 생산할 경우 자원배분의 효율성이 극대화된다. (O, X)

22 자연독점상황에 있는 공기업이 한계비용에 맞추어 가격을 설정하는 경우 해당 공기업은 적자를 보게 된다. (O, X)

23 비용체감사업의 경우, 한계비용 가격설정방식을 적용하면 효율성을 달성하지만 손실이 발생한다. (O, X)

정답 및 해설

15 O

16 O

17 O

18 X 정상이윤으로 초과이윤은 존재하지 않는다.

19 O

20 O

21 O 한계비용 가격설정방식을 채택하는 경우 자원배분의 효율성이 극대화된다.

22 O 자연독점의 경우(= 비용체감산업 = 자연독점상황) 한계비용 가격설정을 하면 결손이 발생한다.

23 O

24 규모에 대한 수익 불변 현상이 존재하는 경우 수요곡선과 장기 한계비용곡선이 일치하는 수준에서 공공요금을 결정하면 손해가 발생한다. (O, X)

25 자연독점상황에 있는 공기업이 평균비용 가격설정방식을 채택할 경우 결손이 발생하는 문제를 해결할 수 있다. (O, X)

26 자연독점일 경우 평균비용 가격설정을 하면 경제적 이윤은 0이 된다. (O, X)

27 자연독점상황에 있는 공기업이 평균비용 가격설정방식을 채택할 경우 한계비용 가격설정방식에 비해서 가격은 높고 공급량은 적게 된다. (O, X)

28 규모에 대한 수익체증이 존재하는 경우 평균비용 가격정책을 실시하면 효율적인 자원배분이 달성된다. (O, X)

29 규모의 경제가 존재하여 발생하는 문제를 해결하는 방안 중의 하나로 이부가격제도(two – part tariff)를 들 수 있다. (O, X)

30 이부요금제는 서비스 이용기회 제공에 대해 부과하는 고정요금과 실제 소비량에 대해 부과하는 종량요금으로 구성된다. (O, X)

31 일정한 가입비를 징수하고 사용료는 한계비용에 맞추어 결정하는 이부가격제도는 효율적인 생산 수준을 달성할 수 있다. (O, X)

32 이부요금제에서 관로나 선을 통해 공급된 서비스는 수요의 가격탄력성이 높기 때문에 기업이 기본요금 인상을 통해 부담을 이용자에게 전가시킬 수 있다. (O, X)

정답 및 해설

24 X 규모의 수익이 불변할 때는, 평균비용이 일정하고, 평균비용과 한계비용이 같다. 그러므로 규모의 수익 불변 현상이 존재하는 경우 한계비용 가격설정은 평균비용 가격설정과 같아 생산자의 손실은 없다.

25 O 자연독점일 경우 한계비용 가격설정을 하였을 때 결손이 발생하는 문제를 해결하기 위해 평균비용 가격설정방법을 적용한다.

26 O 손실이 발생하지 않는다는 것은 경제적 이윤이 0이 된다는 말과 같다.

27 O

28 X 규모에 대한 수익체증이 존재한다는 것은 규모의 경제와 유사한 개념이다. 규모의 경제는 한계비용 가격정책을 실시해야 효율적인 자원배분이 달성된다는 것이다.

29 O 이부가격제도는 고정요금과 종량요금을 통해 한계요금 가격설정방식을 채택함으로써 나타나는 결손을 해결하는 제도이다.

30 O

31 O

32 X 전기나 수도와 같은 것은 수요의 가격탄력성이 낮다.

33 이부요금제는 전화, 가스처럼 관로나 선을 통해 서비스를 공급하는 경우에 주로 적용된다. (O, X)

34 이부요금제에서는 소수의 소비자들에게 가입비가 묵시적 장벽으로 작용하는 부작용이 있을 수 있다. (O, X)

35 2급 가격차별방식에 따라 공공요금을 책정하면 공평성 측면에서 문제가 생길 수 있다. (O, X)

36 램지 가격설정원칙은 일정한 재정수입을 달성해야 하는 조건을 충족하면서도 경제적 효율성의 상실을 초래하지 않는 가격설정방식을 모색하는 것이다. (O, X)

37 램지 가격설정방식은 일정한 재정수입을 달성해야 하는 조건을 충족하면서도 파레토 효율성을 달성하는 방안이다. (O, X)

38 램지 가격설정방식은 공공요금설정에 있어 소득분배에 대한 고려가 이루어지지 못한다. (O, X)

39 램지 가격설정원칙에 따르면, 비효율성을 최소화시키기 위해서는 수요의 가격탄력성이 클수록 가격과 한계비용의 격차는 상대적으로 더 크게 설정되어야 한다. (O, X)

40 램지 가격설정방식은 수요의 가격탄력도가 매우 큰 공공서비스의 경우에는 한계비용 수준에 근사하도록 공공요금이 결정되어야 한다. (O, X)

41 램지 가격설정방식은 소득분배 측면에서 바람직하지 않을 수 있다. (O, X)

정답 및 해설

33 O

34 O

35 O

36 X 램지 가격설정원칙은 일정한 재정수입 달성을 가정하고, 이 가정을 충족하면서 경제적 효율성의 상실을 최소화하는 가격설정방식을 모색하는 것이다.

37 X 램지 가격설정방식은 경제적 효율성의 상실을 감안하기 때문에 파레토 효율성을 달성하는 방안은 아니다.

38 O

39 X 비효율성을 최소화시키기 위해서는 수요의 가격탄력성이 클수록 가격과 한계비용의 격차는 상대적으로 더 작게 설정되어야 한다.

40 O 가격탄력성이 클수록 한계비용과 가격이 비슷하게 결정되어야 한다.

41 O 램지 가격설정방식은 공평성 입장에서 바람직하지 않다.

42 정부가 공급하는 상호독립적인 공공서비스 X와 Y의 한계비용은 각각 $MC_X = 20$, $MC_Y = 30$이고, 가격은 각각 $P_X = 25$, $P_Y = 50$이다. Y의 수요의 가격탄력성이 1일 때, 요금 책정에 따른 효율성 상실의 극소화를 보장하는 X의 수요의 가격탄력성은 2이다. (O, X)

43 공공요금의 설정은 더 많이 소비하는 사람이 더 많은 비용을 부담해야 한다는 원칙을 적용해야 한다. (O, X)

44 외부성이 존재하는 경우 한계비용과 일치하는 수준에서 공공서비스 가격이 설정되어야 한다. (O, X)

45 기존 시설에 대한 초과 수요가 존재하는 경우 평균비용에서 경제적 지대를 제외한 수준에서 공공서비스 가격이 설정되어야 한다. (O, X)

46 규모의 경제가 존재하는 경우 한계비용과 일치하는 수준에서 공공서비스 가격이 설정되면 효율적인 배분을 달성할 수 있다. (O, X)

47 램지(F. Ramsey)의 원칙에 따르면 수요의 가격탄력성이 작을수록 공공서비스 가격을 한계비용에 가깝게 설정할 때 효율성이 제고된다. (O, X)

정답 및 해설

42 O 정부가 상호독립적인 공공서비스 X와 Y를 공급할 때 초과부담을 극소화하려면 램지의 역탄력성 규칙에 따라 공공요금을 설정하면 된다. 즉, $\dfrac{\frac{P_X - MC_X}{P_X}}{\frac{P_Y - MC_Y}{P_Y}} = \dfrac{\epsilon_y}{\epsilon_X}$가 성립하도록 공공서비스 X와 Y의 요금을 설정하면 된다.

$\dfrac{P_X - MC_X}{P_X} = \dfrac{25-20}{25} = 0.2$이고, $\dfrac{P_Y - MC_Y}{P_Y} = \dfrac{50-30}{50} = 0.4$이므로 이를 램지 가격설정규칙에 대입하면 $\dfrac{0.2}{0.4} = \dfrac{1}{\epsilon_X}$, $\epsilon_X = 2$로 계산된다.

43 X 편익원칙만을 고려하는 것은 아니다. 공평성도 고려해야 한다.

44 X 외부성이 존재하지 않는 경우 한계비용과 일치하는 수준에서 공공서비스 가격이 설정되어야 한다.

45 X 기존 시설에 대한 초과 수요가 존재하는 경우 평균비용에서 경제적 지대를 포함하여 공공서비스 가격이 설정되어야 한다.

46 O

47 X 램지의 원칙에 따르면 수요의 가격탄력성이 클수록 공공서비스 가격을 한계비용에 가깝게 설정할 때 효율성이 제고된다.

48 최대부하 가격설정에서 비성수기에는 공공요금을 한계비용에 일치시키는 것이 효율적이다. (○, ×)

49 공공부문이 생산하는 재화나 서비스의 한계비용 가격설정은 일반적으로 효율적인 자원배분을 실현할 수 없다. (○, ×)

50 공공서비스의 경우 이부가격제도(two－part tariff)를 적용하면 결손을 줄일 수 있다. (○, ×)

51 램지 가격설정방식은 분배상 문제를 일으킬 수 있다. (○, ×)

52 규모의 경제가 존재할 경우 여러 공기업에서 생산하는 것이 바람직하다. (○, ×)

정답 및 해설

48 ○

49 × 공공부문이 생산하는 재화나 서비스의 한계비용 가격설정은 일반적으로 효율적인 자원배분을 실현할 수 있으나 기업은 손실이 발생한다.

50 ○

51 ○

52 × 규모의 경제가 존재할 경우 대량생산을 하는 것이 유리하므로 하나의 공기업에서 생산하는 것이 바람직하다.

Topic 34 공채론

국채의 경제적 효과	① 케인즈학파: 재정적자는 총수요를 증가시킴 ② 통화주의자: 재정적자는 구축효과를 발생시켜 총수요와 관련 없음
리카도의 대등 정리	① 정부지출이 일정한 수준으로 결정되어 있다면 그것이 조세로 조달되든 국채를 통해 조달되든 총수요에 아무런 영향을 미치지 못함 ② 합리적인 소비자들은 국채를 자산이 아니라 부채로 인식하기 때문임
국채의 자본축적과 경제 성장에 미치는 효과	재정적자는 저축이 줄어들고 이자율이 상승하여 장기적 성장에 악영향을 끼침
국채가 국제수지에 미치는 효과	① 국공채 발행 ➜ 이자율 상승 ➜ 외화유입 ➜ 자국화폐의 가치 상승 ➜ 가격경쟁력 하락 ➜ 국제수지 악화 ② 국공채 발행 ➜ 가처분소득 증가 ➜ 수입 증가 ➜ 국제수지 악화 ③ 국공채 발행 ➜ 국민저축 감소 ➜ 투자재원 감소로 인한 투자 감소 ➜ 국제경쟁력 하락 ➜ 국제수지 악화
국채부담	① 러너: 내부채무는 현세대, 외부채무는 미래세대에게 부담 ② 뷰캐넌, 모딜리아니: 미래세대 부담

Topic 34 핵심정리 O/X

01 국채 발행이 증가하면 이자율이 상승하고, 원화환율이 하락하여 경상수지가 악화된다. (O, X)

02 이자율 하락은 국채의 시장가치를 상승시켜 정부부채를 증가시키는 효과가 있다. (O, X)

03 고전파 경제학에서는 균형재정을 바람직한 것으로 보았기 때문에 공채 발행을 부정적으로 인식하고 있다. (O, X)

04 케인즈 경제학에서는 적자재정에 따른 공채 발행을 보다 적극적으로 수용하고 있다. (O, X)

05 재원조달 측면에서 볼 때 '리카도의 대등 정리'가 적용되면 조세에 비해 공채 발행으로 더 큰 총수요 증가를 기대할 수 있다. (O, X)

정답 및 해설

01 O

02 O

03 O

04 O

05 X 리카도의 대등 정리는 공채를 발행하여 정부지출을 늘린다고 해도 저축을 증가시켜 총수요 증가의 효과가 없다는 것을 의미한다.

06 이용 시 지불 원칙에 의하면 정부의 투자지출에는 공채 발행이 바람직하다. (O, ×)

07 공채 발행은 그 목적과 달리 결과적으로 소득재분배를 유발할 가능성이 높다. (O, ×)

08 공채를 전액 중앙은행이 인수할 경우, 경기가 과열된 상태에서는 인플레이션을 억제하는 효과가 있다. (O, ×)

09 공채를 전액 중앙은행이 인수할 경우, 화폐공급량이 감소하기 때문에 유효수요 증대효과는 없다. (O, ×)

10 공채가 전액 시중에서 소화될 경우, 이자율이 상승하고, 민간투자가 억제되는 현상을 구축효과라고 한다. (O, ×)

11 공채의 잔액이 증가함에 따라 민간의 소비지출이 감소하는 현상을 러너효과라고 한다. (O, ×)

12 공채가 전액 시중에서 소화될 경우, 중앙은행이 인수할 경우보다 유효수요의 증대효과가 크다. (O, ×)

13 전통 케인즈학파에서는 국채 발행을 통해 총수요가 증가한다고 주장한다. (O, ×)

14 국채 발행을 통해 재정적자를 충당하면 케인즈학파는 승수효과만큼 총수요 증가를 가져온다고 하였다. (O, ×)

15 케인즈는 유효수요 창출을 위한 적자재정을 주장하였으나, 국공채 발행이 미래세대의 경제적 부담을 증가시킨다는 이유로 재정적자의 보전을 위한 국공채 발행에는 반대하였다. (O, ×)

정답 및 해설

06 O

07 O

08 X 중앙은행이 공채를 인수함에 따라 통화량이 증가하면 인플레이션이 유발될 가능성이 높다.

09 X 정부가 공채를 시중에 매각할 때는 통화량의 변화가 나타나지 않는 데 비해 공채를 중앙은행이 인수하면 통화량이 증가하게 된다. 그러므로 공채를 중앙은행이 인수하면 시중에서 소화될 때보다 유효수요 증대효과가 크게 나타난다.

10 O

11 X 국공채 발행으로 민간보유 금융자산이 증가하면 자산보유자들이 더 부유하게 되었다고 느끼게 되어 민간의 소비지출이 증가할 수도 있는데, 이를 국공채의 자산효과(wealth effect) 혹은 러너효과(Lerner effect)라고 한다.

12 X 중앙은행의 통화 발행은 승수효과를 발생시키므로 시중보다 더 큰 유효수요 증대효과가 있다.

13 O

14 O

15 X 케인즈는 국공채의 발행에 찬성하였다.

16 경기부양정책 실시로 재정적자가 크게 증가하였다면 정부저축이 감소하므로 대부자금의 공급이 감소한다. (O, X)

17 경기부양정책 실시로 재정적자가 크게 증가하였다면 이자율 상승으로 민간투자가 구축되는 효과가 발생한다. (O, X)

18 경기부양정책 실시로 재정적자가 크게 증가하였다면 환율 상승으로 인해 경상수지가 악화된다. (O, X)

19 경기부양정책 실시로 재정적자가 크게 증가하였다면 인플레이션이 발생할 경우 정부의 실질적인 채무부담이 감소한다. (O, X)

20 경기부양정책 실시로 재정적자가 크게 증가하였다면 경제의 총저축이 감소하므로 자본형성이 위축된다. (O, X)

21 통화주의자들은 국채 발행이 구축효과를 유발하여 총수요에는 거의 변화가 없다고 주장한다. (O, X)

22 구축효과는 재정지출 증가를 국공채 발행으로 조달할 때 이자율이 상승하여 민간투자를 감소시키는 현상을 말한다. (O, X)

23 통화주의학파는 경제 불황기에는 호황기에 비해 구축효과가 크게 나타난다고 하였다. (O, X)

24 이자율에 영향을 주지 않을 만큼 민간부문에 여유자금이 충분할 경우, 정부의 공채 발행을 통한 재원조달로 인하여 구축효과가 발생하지 않는다. (O, X)

25 리카도의 대등 가설에 따르면 국채 발행은 미래 조세부담의 증가를 의미하기 때문에 총수요의 촉진효과가 나타나지 않게 된다. (O, X)

정답 및 해설

16 O

17 O

18 X 재정정책으로 이자율이 상승하므로 환율이 하락하여 경상수지가 악화된다.

19 O

20 O

21 O 통화주의자들은 국채 발행을 통해 재정지출이 증가해도 이자율 상승으로 인해 민간투자와 소비가 감소되어 총수요에는 거의 변화가 없다고 주장한다.

22 O

23 X 호황기에 이자율이 더 높기 때문에 호황기에 구축효과가 더 크게 나타난다.

24 O

25 O

26 리카도의 대등 정리가 성립하면 국채 상환에 대비한 저축이 증가하여 이자율이 오르지 않아서 구축효과가 발생하지 않는다. (O, X)

27 리카도의 대등 정리에 따르면, 재정지출 재원을 공채 발행으로 조달하는 경우와 조세로 조달하는 경우의 경제적 효과는 동일하다. (O, X)

28 리카도의 대등 정리에 따르면 적자재정은 총수요에 아무런 영향을 미치지 못한다. (O, X)

29 리카도의 대등 정리에 따르면 국채 발행이 국민저축과 투자에 영향을 미치지 않는다. (O, X)

30 리카도 대등 정리에 따르면 경기 침체기에는 조세보다 국채로 정부지출 재원을 조달하는 것이 효과적이다. (O, X)

31 리카도(Ricardo)의 대등 정리(equivalence theorem)에 따르면 국채의 발행은 궁극적으로 현재세대의 부담이 된다. (O, X)

32 인플레이션 상황에서는 정부부채의 실질적 부담이 감소한다. (O, X)

33 인플레이션 조세란 인플레이션 진행으로 인해 국채의 실질가치가 낮아지는 현상을 말한다. (O, X)

34 국가채무의 잔액이 변하지 않더라도 이자율이 상승한다면 실질적인 국가채무잔액은 줄어들게 된다. (O, X)

35 국채의 액면가격은 변화하지 않더라도 이자율 상승으로 국채의 시장가치가 하락한다. (O, X)

정답 및 해설

26 O

27 O 리카도 대등 정리는 재원조달 중립성 정리라고도 한다.

28 O

29 O 리카도의 대등 정리에 따르면 국채 발행은 총수요, 저축, 이자율, 투자 등에 영향을 미치지 않는다.

30 X 리카도 대등 정리와 침체기/호황기 등은 관련이 없다. 침체기/호황기는 통화주의학파가 주장한 구축효과의 크기와 관련이 있다.

31 O

32 O 인플레이션이 발생하면 채무자가 유리하다. 인플레이션 상황에서는 정부부채의 실질적 부담이 감소하게 된다.

33 O

34 O 이자율과 채권가격은 항상 반비례하므로 이자율 상승 시 실질적인 국가채무잔액은 줄어들게 된다.

35 O 이자율 상승 시 실질적인 국채의 가격이 하락한다.

36 지출을 극대화하기를 원하는 관료들은 가능하면 많은 지출을 경상지출 항목으로 분류함으로써 재정적자의 폭을 줄이려고 한다. (O, X)

37 공채 발행의 증가는 이자율의 상승을 초래하여 무역수지를 악화시킬 수 있다. (O, X)

38 국채 발행이 증가하면 이자율이 상승하고, 원화환율이 하락하여 경상수지가 악화된다. (O, X)

39 재정적자를 국채 발행으로 충당하면 소비 및 수입 증가를 통하여 경상수지에 부정적 영향을 초래할 수 있다. (O, X)

40 고전파 경제학자들은 국공채 발행으로 인한 정부수입이 비생산적으로 사용됨에 따라 자본축적이 저해되면 미래세대가 그 경제적 부담을 짊어지게 될 것으로 파악하였다. (O, X)

41 국공채 발행으로 인한 정부수입이 사회간접자본의 건설에 사용되는 비중이 클수록, 국공채의 경제적 부담이 미래세대에 귀착되는 비중도 더 커진다. (O, X)

42 뷰캐넌은 개인적인 관점에서 국채를 자발적으로 구입할 경우 현재세대는 어떠한 실질부담도 지지 않는다고 주장한다. (O, X)

43 러너는 국채가 국내에서 소화되는 내부채무의 경우 세대 간 부담 이전을 야기한다고 주장한다. (O, X)

44 러너로 대표되는 국채의 전통적인 견해에 따르면, 내부채무의 경우 미래세대로 부담이 전가된다. (O, X)

45 중복세대 모형에 따르면, 국가채무는 미래세대로 부담이 전가된다. (O, X)

정답 및 해설

36 X 지출을 극대화하기를 원하면 가능한 많은 지출을 자본예산 항목으로 분류하여야 한다.

37 O

38 O

39 O

40 O

41 X 사회간접자본은 미래세대 또한 편익을 누릴 수 있다. 국공채 발행으로 인한 정부수입이 사회간접자본의 건설에 사용되는 비중이 클수록, 국공채의 경제적 부담을 현대세대와 미래세대가 나눠 가진다.

42 O

43 X 러너는 내부채무는 현세대가 부담을 지고 외부채무는 미래세대가 부담을 진다고 주장한다.

44 X 외부채무가 미래세대로 부담이 전가된다.

45 O

46 리카르도(D. Ricardo)는 총수요를 변화시킬 수 있다고 하였다. (O, X)

47 러너(A. Lerner)는 내부채무는 미래세대의 부담을 증가시킨다고 하였다. (O, X)

48 통화주의자들은 공채 발행을 통한 정부지출이 총수요를 변화시킨다고 보았다. (O, X)

49 배로(R. Barro)는 국민저축과 투자에 전혀 영향을 미치지 않는다고 하였다. (O, X)

50 케인즈학파는 국채 발행을 통해 조세부담을 경감시켜주어도 총수요는 변하지 않는다고 하였다. (O, X)

51 정부의 세금 인하로 인해 가처분소득이 늘어나 화폐 수요가 증가한다. (O, X)

52 정부의 세금 인하는 소비지출을 증가시키므로 총수요곡선이 오른쪽으로 이동한다. (O, X)

53 리카르도의 대등 정리에 따르면 세금 인하로 인해 발생하는 재정적자를 국채로 충당할 때 총수요에 아무런 영향을 끼치지 않는다. (O, X)

54 구축효과가 없다는 가정하에 세금 감면액과 정부지출 증가액이 동일한 크기라면 두 정책의 총수요효과는 동일하다(단, 폐쇄경제이며 정액세만 존재). (O, X)

55 구축효과가 없다는 가정하에 정부지출을 줄이는 만큼 세금을 감면하면 재정적자의 변화 없이 총수요를 감소시킨다(단, 폐쇄경제이며 정액세만 존재). (O, X)

정답 및 해설

46 X 리카르도는 등가 정리를 통해 공채 발행이 총수요를 변화시킬 수 없다고 보았다.

47 X 러너는 외부채무는 미래세대의 부담을 증가시킨다고 하였다.

48 X 통화주의자들은 공채 발행을 통한 정부지출의 증가는 구축효과를 일으켜 총수요가 불변한다고 보았다.

49 O

50 X 케인즈학파는 국채 발행을 통해 조세부담을 경감시키면 승수효과를 통해 총수요가 증가한다고 하였다.

51 O

52 O

53 O

54 X 구축효과가 없다는 가정하에 세금 감면액과 정부지출 증가액이 동일한 크기라면 균형재정이다. 정액세인 경우 균형재정승수는 1이다. 예를 들어 100억원의 정부지출과 100억원의 조세감면이 이루어졌다면 100억원만큼 국민소득이 증가한다.

55 O

56 재정적자의 경제적 효과에 대하여 통화주의학파는 경제 불황기에는 호황기에 비해 구축효과가 크게 나타난다고 주장한다. (O, X)

57 재정적자의 경제적 효과에 대하여 케인즈학파는 국채 발행을 통해 재정적자를 충당하면 승수효과만큼 총수요 증가를 가져온다고 주장한다. (O, X)

58 리카르도(D. Ricardo)의 대등 정리는 재정적자를 국채로 충당할 때 총수요에 아무런 영향을 끼치지 않는다고 본다. (O, X)

59 러너(A. Lerner)는 내부채무가 미래세대의 부담을 증가시킨다고 주장한다. (O, X)

60 배로(R. Barro)는 적자재정이 국민저축과 투자에 전혀 영향을 미치지 않는다고 주장한다. (O, X)

정답 및 해설

56 X 경제 불황기에는 투자를 하려는 사람이 없으므로 정부가 국공채를 통해 돈을 조달하더라도 이자율이 크게 오르지 않아 호황기에 비해 구축효과가 작게 나타난다.

57 O

58 O

59 X 러너는 내부채무는 현세대, 외부채무는 미래세대의 부담을 증가시킨다고 본다.

60 O

Topic 35 지방재정

중앙집권제도의 장점	경제안정, 소득재분배, 자원배분(외부성, 규모의 경제, 조세징수의 효율성)
지방분권제도의 장점	주민 선호의 충실한 반영, 공공사업의 조세부담인식 용이, 정부 사이의 경쟁
티부 모형	① **가정**: 최소 주택 규모 등 도시계획규제가 실시되며 재산에 비례하는 재산세가 부과되어야 함 ② 어느 나라가 다수의 지방정부로 구성되어 있고 각 지방정부는 지역주민의 선호에 따라 지방세와 지방 공공재의 공급 수준을 결정하고 개인의 지역 간 완전이동성이 보장된다면 각 지역에서 지방 공공재가 최적 수준으로 공급될 뿐만 아니라 국민들은 효율적으로 거주지를 결정하게 됨 ③ **발에 의한 투표**: 공공재에 대한 자신의 선호를 현시하게 됨
교부금의 유형	① **무조건부 보조금**: 사용용도에 제한이 없음. 현금보조와 유사 ② **조건부 정액보조금**: 일정 금액을 지급하되 사용용도가 제한되어 있음. 현물보조와 유사 ③ **조건부 정률보조금**: 공공사업에 소요되는 재원의 일정 비율만을 지급하는 것으로 지방정부의 일부 재원을 부담할 것을 전제조건으로 함. 가격보조와 유사
지방재정조정제도	① **지방교부세**: 지방자치단체의 재정수요와 조세수입을 비교하여 재원부족이 발생하면 이를 보전할 목적으로 중앙정부가 지방자치단체에 교부하는 재원으로 무조건부 보조금에 해당 ② **국고보조금**: 지방자치단체가 시행하는 특정 사업 경비의 일부 또는 전부를 중앙정부가 지원하는 제도로 특별히 장려할 필요가 있는 사업에 한하여 지원함. 조건부 정률보조금에 해당
끈끈이효과	지역주민의 소득이 증가할 때보다 동액의 무조건부 보조금이 지급될 때 중앙정부의 지출이 더 크게 증가하는 효과

Topic 35 핵심정리 O/X

01 지방분권제도는 자치단체 간 경쟁을 유발하여 효율적인 생산을 촉진한다. (O, X)

02 중앙정부의 교부금으로 인해 지방의 재정자립도가 높아진다. (O, X)

03 지방분권제도는 지역 간 재정능력의 불균형으로 지역 간 격차가 커질 수 있다. (O, X)

정답 및 해설

01 O

02 X 중앙정부의 교부금을 받으면 지방의 재정자립도가 낮아진다.

03 O

04 오우츠(W. Oates)의 분권화 정리는 지방 공공재 공급에 있어서 규모의 경제가 있고, 인접 지역으로의 외부성이 없는 경우에 성립한다. (O, X)

05 지방분권제도가 중앙집권제도보다 지방 공공재에 대한 정보를 획득하는 비용이 높다. (O, X)

06 세금징수에 있어서 규모의 경제가 있을 경우 지방분권제도가 바람직하다. (O, X)

07 공공재 공급에 있어서 규모의 경제가 존재할 경우 지방분권제도가 바람직하다. (O, X)

08 공공재에 대한 선호가 모든 지역에서 동일할 경우 지방분권제도가 바람직하다. (O, X)

09 주민들의 지역 간 이동비용이 낮을 경우 지방분권제도가 바람직하다. (O, X)

10 공공재의 세금에 대한 정보를 획득하는 비용이 높을 경우 지방분권제도가 바람직하다. (O, X)

11 정부부문의 총지출 중 중앙정부의 직접적 지출이 차지하는 비율을 중앙집권화율이라 하며, 분권 수준을 파악하는 지표로 사용된다. (O, X)

12 오우츠는 공공재 공급비용이 동일하다면 지방 공공재는 중앙정부보다 지방정부가 공급하는 것이 효율적일 수 있다고 주장하였다. (O, X)

13 오우츠의 분권화 정리는 공공재 공급에 있어서 규모의 경제가 있고, 인접지역으로의 외부성이 없는 경우에 성립한다. (O, X)

14 티부는 개인들의 지역 간 이동이 자유롭다면, 개인들이 선호하는 지방정부를 선택하는 '발에 의한 투표'를 주장하였다. (O, X)

정답 및 해설

04 X 중앙집권이 유리한 경우는 규모의 경제가 있고 외부성이 있는 경우에 해당한다. 오우츠 정리는 지방분권의 이론이므로 규모의 경제가 있는 경우에는 적합하지 않다.

05 X 지방정부가 지방주민들의 의견을 더 잘 파악하고 있으므로 지방분권제도가 중앙집권제도보다 지방 공공재에 대한 정보를 획득하는 비용이 낮다.

06 X 중앙집권제도가 바람직하다.

07 X 중앙집권제도가 바람직하다.

08 X 중앙집권제도가 바람직하다.

09 O

10 X 소득세가 대표적인 사례이고 중앙집권제도가 바람직하다.

11 O

12 O

13 X 오우츠의 분권화 정리는 규모의 경제가 발생하지 않는 경우에 성립한다.

14 O

15 티부 모형은 지방정부의 재원은 재산세로 충당하는 것을 상정하고 있다. (O, X)

16 분권화로 지역들이 차별성을 가지고, 여러 지역 중에서 투표자가 자신이 원하는 곳을 선택할 수 있다면 결과적으로 후생이 증가될 수 있다. (O, X)

17 분권화로 지방정부는 각 지역의 특성에 부합하는 다양한 정책들을 시도할 수 있다. (O, X)

18 한 지역의 공공재가 다른 지역에도 영향을 주는 외부성을 가지고 있는 경우 분권화는 효율적인 공공재 배분을 가능하게 한다. (O, X)

19 조세행정에는 규모의 경제가 존재하기 때문에 국세행정을 이용하여 징수하고 이후 지방으로 배분하는 형태로 조세행정과 재정배분이 이루어지기도 한다. (O, X)

20 분권화된 체제의 지방세에서는 지역발전을 위한 조세경쟁이 발생한다. (O, X)

21 분권화된 체제의 지방세에서는 조세수출이 발생한다. (O, X)

22 분권화된 체제의 지방세에서는 지방세율 차이로 지방의 물가가 달라질 수 있다. (O, X)

23 분권화된 체제의 지방세에서는 지역 간 형평성을 위해서 지방세율이 동일해야 한다. (O, X)

24 분권화된 체제의 지방세에서 지방세는 주로 이동성이 작은 자산에 부과하는 것이 바람직하다. (O, X)

정답 및 해설

15 O

16 O

17 O

18 X 지방정부는 그 지역의 공공재 공급이 다른 지역에 미치는 외부성을 고려하지 않을 것이므로 외부성이 존재하는 경우 분권적인 체제하에서는 공공재의 효율적인 공급이 이루어지기 어렵다.

19 O

20 O

21 O 조세수출은 타 자치단체의 주민에게 부과되는 조세부담의 비율이다.

22 O

23 X 형평성을 위해서는 소득이 높은 지역의 지방세율이 높아야 한다.

24 O

25 지방자치단체장은 선거를 통해 선출되기 때문에 지역주민들의 수요에 민감하게 반응한다. (○, ×)

26 경제안정화정책은 중앙정부와 지방정부가 대등한 입장에서 수행할 수 있다. (○, ×)

27 소득재분배정책은 지역주민의 사정을 잘 아는 지방정부가 담당하는 것이 보다 바람직하다. (○, ×)

28 지방재정은 재정지출의 편익과 비용분담의 연계성이 중앙정부보다 강하기 때문에 재원조달 측면에서도 응익주의적 요소가 강한 편이다. (○, ×)

29 공공재로부터 편익의 귀속 지역이 전국적인 경우에는 중앙정부가, 지방 단위에 그치는 경우에는 지방정부가 공급하는 것이 바람직하다. (○, ×)

30 지방정부는 중앙정부보다 모든 형태의 공공재를 보다 효율적으로 공급할 수 있다. (○, ×)

31 혼잡이 발생하는 지방 공공재의 경우 효율적 공급이 이루어지기 위해서는 추가적인 이용자에게 그로 인하여 발생하는 한계혼잡비용만큼을 부담시켜야 한다. (○, ×)

32 생산비용이 같은 경우 지방 공공재의 공급은 중앙정부가 결정하기보다는 지방정부가 자율적으로 결정하도록 하는 것이 효율적이다. (○, ×)

33 오우츠의 분권화 정리에 따르면, 지방정부에 의한 지방 공공재 공급이 주민들의 선호를 더 잘 반영할 수 있다. (○, ×)

34 지역 간 공공재에 대한 선호가 이질적인 경우 중앙정부가 일률적으로 공급하는 것이 효율적이다. (○, ×)

정답 및 해설

25 O

26 X 경제안정화정책은 중앙정부가 수행하는 것이 더 바람직하다.

27 X 소득재분배정책은 중앙정부가 수행하는 것이 더 바람직하다.

28 O

29 O

30 X 지방정부와 중앙정부가 효율적으로 공급할 수 있는 공공재는 구분된다.

31 O

32 O 생산비용이 같다면 지방 공공재 공급에 있어 수요에 대해 더 많은 정보를 갖고 있는 지방정부가 결정하는 것이 더 바람직하다(오우츠의 분권화 정리).

33 O

34 X 선호가 이질적이라면 선호에 대한 정보가 더 많은 지방정부가 공급하는 것이 효율적이다.

35 티부 모형은 공공재의 경우에는 시장에 의한 자원배분이 비효율적일 수밖에 없음을 보이고 있다. (O, ×)

36 티부 가설은 지방 공공재의 경우 주민들의 선호를 바탕으로 하는 효율적인 공급이 이루어질 수 있다는 주장이다. (O, ×)

37 티부는 주민이 자유롭게 거주지를 선택할 수 있다면 지방 공공재가 효율적으로 공급될 수 있다고 하였다. (O, ×)

38 티부 모형은 한 나라 안에는 서로 다른 재정프로그램을 가진 지방정부가 충분히 많이 존재하며, 사람들은 각 지역에 대하여 완벽한 정보를 가지고 있다는 것을 가정한다. (O, ×)

39 티부 모형은 지방 공공재는 비례 재산세에 의해 조달된다고 가정한다. (O, ×)

40 티부 모형에서는 지역별 공공서비스의 차이가 발생하므로 공평성 측면에서는 바람직하지 않다. (O, ×)

41 티부 모형에서 각 지역정부는 누진적인 소득세를 통해 지방 공공재 공급재원을 조달한다. (O, ×)

42 티부 모형에서는 각 지방정부가 공급하는 공공재는 지역 간 외부성을 유발하므로 중앙정부가 개입해야 한다. (O, ×)

43 티부 모형은 개인의 지역 간 이동이 완전히 자유로우며 비용도 들지 않을 것을 가정한다. (O, ×)

정답 및 해설

35 X 티부 모형은 공공재의 경우 시장에 의한 자원배분이 효율적일 수 있음을 보여준다.

36 O

37 O

38 O 티부 모형의 가정으로는 충분히 많은 지방정부, 공공재 공급 수준과 조세 수준에 대한 완전한 정보 등이 있다.

39 O 티부 모형의 가정으로는 비례 재산세가 있다.

40 O

41 X 비례적인 재산세를 통해 재원을 조달하는 것을 가정한다.

42 X 외부성을 초래하지 않는 것으로 가정한다.

43 O

44 지방 공공재의 외부효과가 존재하더라도 티부 가설은 성립한다. (O, X)

45 보조금이 지급될 경우, 지방세가 줄어들어 그로 인해 민간지출이 증가하기보다 지방정부의 지출이 더 많이 늘어나는 현상을 끈끈이 현상으로 볼 수 있다. (O, X)

46 대응교부금의 경우, 공공재 선택에서 대체효과를 발생시키기 때문에 비효율적이다. (O, X)

47 무조건부 교부금의 경우, 소득효과만을 발생시키기 때문에 비효율을 억제시킬 수 있다. (O, X)

48 우리나라 국고보조금과 보통교부세는 조건부 교부금이다. (O, X)

49 지방자치단체의 후생 증가라는 측면에서 볼 때, 무조건부 교부금은 최소한 대응교부금보다 우월하다. (O, X)

50 티부 모형은 자신이 선호하는 지방자치단체로 이주하는 선택을 통해 개인의 공공재 선호를 드러낸다. (O, X)

51 티부 가설에 따르면 균형 상태에서는 각 지역별로 비슷한 기호와 소득 수준의 사람들이 모여 살게 된다. (O, X)

52 정부 간 보조금은 중앙정부와 지방정부 간 수직적 재정 형평화, 지방정부 상호 간 수평적 재정 형평화, 재정적 외부성의 교정, 가치재의 공급 등의 차원에서 그 필요성이 인정된다. (O, X)

53 무조건부 교부금(unconditional grants)은 중앙정부가 지방정부와 세입을 공유한다는 입장에서 아무런 조건 없이 제공하는 교부금을 뜻한다. (O, X)

정답 및 해설

44 X 티부 가설이 성립하기 위해서는 지방 공공재의 외부효과가 존재하지 않아야 한다.
45 O
46 O
47 O
48 X 보통교부세는 무조건부 교부금이다.
49 O
50 O
51 O
52 O
53 O

54 무조건부 교부금은 대체효과가 발생하지 않으며 지방주민의 공공서비스와 사적재 소비를 동시에 증가시킬 수 있다. (O, X)

55 비대응교부금(non – matching grants)은 중앙정부가 지방정부와 세입을 공유한다는 입장에서 아무런 조건 없이 제공하는 교부금을 뜻한다. (O, X)

56 비대응교부금은 소득효과만을 갖는다. (O, X)

57 조건부 정액보조금은 현물보조와 유사한 형태이다. (O, X)

58 조건부 대응교부금이 지급되는 경우 지역 간 공공재 소비량 격차가 커질 가능성이 높다. (O, X)

59 조건부 비대응교부금이 지급되더라도 지역주민의 공공재 소비는 보조금의 크기보다 작게 증가하는 것이 일반적이다. (O, X)

60 조건부 대응교부금이 지급되면 지역주민의 공공재 소비량은 증가하나 사용재 소비량은 감소한다. (O, X)

61 중앙정부가 제공하는 조건부 정액보조금은 공공재 생산에만 사용해야 한다는 전제가 붙어있다. (O, X)

62 조건부 정률(定率)보조금은 지방 공공재의 가격을 변화시킨다. (O, X)

63 개방형 대응보조금은 지역 공공재의 소비에 대하여 대체효과와 소득효과가 모두 작용한다. (O, X)

정답 및 해설

54 O 무조건부 교부금은 공공재 공급뿐만 아니라 지방세를 감면하거나 사용재 소비를 늘리는 데 사용할 수 있다.

55 X 비대응교부금은 현물보조와 유사한 조건이 있는 보조금이다.

56 O 비대응교부금은 현물보조와 유사한 성격을 보이며 소득효과만을 갖는다.

57 O

58 O

59 O

60 X 조건부 대응(정률)교부금이 지급되면 지역 공공재의 상대가격이 하락하는 효과가 발생하므로 예산선이 회전이동한다. 이때 지역주민의 사용재 소비는 증가할 수도 있고 감소할 수도 있다.

61 O

62 O

63 O

64 개방형 대응보조금은 지역 공공재의 소비는 증가시키나 사용재의 소비는 증가시킬 수도 있고 감소시킬 수도 있다. (O, X)

65 무조건부 보조금에 비하여 개방형 조건부 정률보조금하에서 보다 적은 공공재가 생산된다. (O, X)

66 동일 수준의 효용 가정하에서 무조건부 보조금과 개방형 대응보조금을 비교하면 지역 공공재의 소비량은 후자의 경우가 전자의 경우보다 많다. (O, X)

67 우리나라의 국고보조금은 조건부 정률보조금의 한 예에 해당한다. (O, X)

68 무조건부 보조금은 사적재와 공공서비스 간 선택에서 소득효과를 발생시킨다. (O, X)

69 대응보조금은 사적재와 공공서비스 선택에서 대체효과를 발생시키기 때문에 비효율성을 유발한다. (O, X)

70 대응보조금은 사적재와 공공서비스 선택에서 소득효과와 대체효과로 인해 공공서비스 소비량의 변화를 알 수 없다. (O, X)

71 비대응보조금은 지역주민의 사적재 소비를 늘리는 방향으로 영향을 미칠 수 있다. (O, X)

72 보조금으로 끈끈이효과가 나타나면 지방정부의 지출이 늘어난다. (O, X)

73 끈끈이효과에 의하면 무조건부 보조금이 동일 액수의 소득 증가보다 지역 공공재 공급을 더 적게 초래한다. (O, X)

정답 및 해설

64 O 개방형 대응보조금 지급 시 소득효과에 의하면 공공재가 정상재라면 공공재와 사용재의 소비가 모두 증가하고, 대체효과에 의하면 공공재가 정상재라면 공공재는 소비가 증가하지만 사용재는 소비가 감소하기 때문에, 개방형 대응보조금은 지역 공공재의 소비는 증가시키나 사용재의 소비는 증가시킬 수도 있고 감소시킬 수도 있다.

65 X 공공재 생산에 비례하여 조건부 정률보조금을 받으므로 공공재 생산이 증가할 수 있다.

66 O

67 O

68 O

69 O

70 X 대응보조금은 가격보조에 해당하므로 사적재와 공공서비스 선택에서 소득효과와 대체효과로 인해 모두 공공서비스의 소비량이 증가하므로 공공서비스의 소비량은 반드시 증가한다.

71 O

72 O

73 X 끈끈이효과에 의하면 무조건부 보조금이 동일 액수의 소득 증가보다 지역 공공재 공급을 더 많이 초래한다.

74 끈끈이효과(flypaper effect)란 지방정부가 받는 보조금이 동일한 금액의 소득 증가보다 지역 공공재 공급을 더 적게 초래한다. (O, X)

75 지방분권제도는 지역의 특성을 반영한 제도의 도입이 용이하다. (O, X)

76 지방분권제도는 지역주민의 욕구를 반영한 행정을 실현할 수 있다. (O, X)

77 지방분권제도는 자치단체 간 경쟁을 유발하여 효율적인 생산을 촉진한다. (O, X)

78 지방분권제도를 실시하면 중앙정부의 교부금으로 인해 지방의 재정자립도가 높아진다. (O, X)

79 지방분권제도는 지역 간 재정능력의 불균형으로 지역 간 격차가 커질 수 있다. (O, X)

80 티부 가설에서 개인의 완전한 이동성이 보장되어야 한다. (O, X)

81 티부 가설에서 지방정부가 취한 행동이 외부성을 발생시키지 않아야 한다. (O, X)

82 티부 가설에서 상이한 재정프로그램을 제공하는 지역사회의 수가 충분히 많아야 한다. (O, X)

83 티부 가설에서 각 지역사회가 공급하는 재화와 조세에 대해 주민이 완전한 정보를 가지고 있어야 한다. (O, X)

84 티부 가설에서 공공재의 생산 규모가 증가할수록 단위당 생산비용이 하락하는 규모의 경제가 발생하여야 한다. (O, X)

정답 및 해설

74 X 더 많은 공공재를 생산한다.

75 O

76 O

77 O

78 X 교부금은 국가가 지방자치단체의 재정을 지원하기 위한 것, 국가 또는 지방자치단체가 그 사무의 일부를 위임하고 이에 소요되는 비용을 충당해 주기 위한 것이다. 따라서 중앙정부의 교부금으로 인해 지방의 재정자립도가 낮아진다.

79 O

80 O

81 O

82 O

83 O

84 X 티부 가설은 규모에 대한 수익 불변이 성립한다. 만약 규모의 경제가 존재한다면 규모가 큰 소수의 지방정부만 존재하는 상황이 발생하기 때문이다.

해커스 서호성 재정학 FINAL

개정 2판 2쇄 발행 2023년 8월 14일
개정 2판 1쇄 발행 2023년 3월 2일

지은이	서호성
펴낸곳	해커스패스
펴낸이	해커스 경영아카데미 출판팀

주소	서울특별시 강남구 강남대로 428 해커스 경영아카데미
고객센터	02-537-5000
교재 관련 문의	publishing@hackers.com
학원 강의 및 동영상강의	cpa.Hackers.com

ISBN	979-11-6880-807-2 (13320)
Serial Number	02-02-01